新餐饮
生存秘籍

史远 —— 著

机械工业出版社
CHINA MACHINE PRESS

在人们生活水平日益提升的今天，整个餐饮业也面临一场大洗牌。餐饮业步入崭新的发展阶段，但总有一些传统餐饮企业由于不能适应变化而逐渐消失在大众的视野中。同时，也不乏一批新锐餐饮品牌异军突起，在市场中占据领导地位。

新时代的餐饮业如何抓住新机遇？如何做好一个餐饮企业的老板？餐饮企业应该如何更好地挖掘用户需求？餐饮企业如何让产品转化为品牌竞争……本书针对当前许多餐饮业从业者关心的问题进行了详细的分析讲解。

本书立足新餐饮的打造，以"消费升级下，品牌如何破局蜕变"为主题，提出"一个原则+四个维度"的新餐饮模式，分别从餐饮业发展现状、品牌破局关键、品牌创新、产品创新、渠道创新、营销创新，以及未来餐饮业的发展趋势7个方面，对新餐饮的特点进行了深入解读，是一本实用性较强的餐饮业指导性书籍。

图书在版编目（CIP）数据

新餐饮生存秘籍 / 史远著 . —北京：机械工业出版社，2019.12
ISBN 978-7-111-64447-7

Ⅰ.①新… Ⅱ.①史… Ⅲ.①饮食业 – 经营管理 Ⅳ.① F719.3

中国版本图书馆 CIP 数据核字（2019）第 281231 号

机械工业出版社（北京市百万庄大街 22 号　邮政编码 100037）
策划编辑：刘　洁　责任编辑：刘　洁　戴思杨
责任校对：李　伟　责任印制：郜　敏
盛通（廊坊）出版物印刷有限公司印刷
2020 年 1 月第 1 版第 1 次印刷
170mm×242mm・12.75 印张・2 插页・187 千字
标准书号：ISBN 978-7-111-64447-7
定价：59.00 元

电话服务	网络服务
客服电话：010-88361066	机 工 官 网：www.cmpbook.com
010-88379833	机 工 官 博：weibo.com/cmp1952
010-68326294	金 书 网：www.golden-book.com
封底无防伪标均为盗版	机工教育服务网：www.cmpedu.com

推 荐 语

"民以食为天",餐饮文化是我国文化中非常重要的部分,虽然餐饮是高频行业,但万亿级的市场却鲜见呈规模化的企业和品牌,因为餐饮业的门槛低、地域分散、品类纷杂,消费者口味多变,难有忠诚度。如果我们观察身边,不难发现餐厅总是"变脸"频繁,各领风骚两三年。餐饮行业的竞争是白热化的,更像是"短刀对长枪"的肉搏战。面对新消费群体的成长,生活节奏变快,消费者需求与消费阶层日渐多元化,怎样才能在餐饮业立足?相信大家一定可以在史远这本集自己多年餐饮行业实战顾问经验的用心之作里找到答案。

——张琼　亚商资本创始合伙人

本书从餐饮行业发展的角度去思考一家餐厅在市场新局势中应该如何应对变化,如何从以运营为中心变成真正的以用户为中心,这正是新餐饮变化的主要趋势和发展所带来的不同。在当前的产业变化中,很多餐饮品牌将会壮大,也有很多品牌将会消失,史远通过自己多年积累的对餐厅经营的理解,以及对未来趋势的判断,给我国餐饮企业指明了方向,这是一本很好地结合了实战操作和战略思考的佳作。

——张川　美团点评高级副总裁

消费者是简单又复杂、纠结又随性的,有时甚至是盲目的、善变的。餐饮行业如何在消费升级的当下,精准把握顾客需求,创造顾客需求,通过系统性的思考不断为顾客创造价值,是值得每个餐饮从业者深思的。本书从餐饮行业的生存现状着手,对300多个餐饮品牌的实际案例进行深入分析,将新餐饮经营的核心逐一呈现，让经营少走弯路，让创新有章可循，让品牌永续成长。

——杜中兵　巴奴毛肚火锅创始人

如果问大家在哪里能看到海市蜃楼，大家会觉得是在沙漠或者海上，但在哪个行业容易看到"海市蜃楼"，我觉得一定是餐饮行业！某次异国他乡的饕餮盛宴，某些难忘的生活体悟都会让许多人坚定地走入餐饮业。这是一个极度感性的行业，却又是极致真实地经营，所以用"生存"二字来概括餐饮业非常恰如其分。这本身与行业属性有关，但我认为这个行业太稚嫩，太零散。一直期待能有更多有识之士多些理论探讨、实践分析，甚至数据挖掘，这样才能推动餐饮业的健康发展。所以非常感谢史远先生创作本书！无论是对于我这样餐饮业的老兵，还是对刚入行、准备入行的新手，本书都有非常到位的启发。唯有不断地蜕变、不断地进化，方讨得多活几年的机会。

——张彪　吉祥馄饨创始人

今天餐饮市场的创业环境，已经从几年前的降维打击就能获得竞争优势，变成了高手云集、竞争激烈的战场，每一个创业者如履薄冰地在探索中成长与发展。本书最大的特色在于汇集了近些年来餐饮行业创业发展的案例，对每个案例企业在市场上的表现从源头和方法论上进行了分析，里面有失败的无奈与遗憾，也有幸运"闯关"的经验与总结，这些准则和方法论对于在此行业有所追求的创业者，绕过行业发展的一些"坑"具有一定的警醒作用。

——李学林　和府捞面创始人

本书通过一个个扎实的案例，将作者多年积累下来的经验，用直观的表达方式分享给每个餐饮人，本书将会帮助更多想在餐饮业创业的人和餐饮业从业者更清晰地认清道路，对这个行业具备必要的敬畏之心。同时，本书也能让你充分了解这个风险与机会并存的餐饮行业。值得推荐！

——潘冠鹤　满记甜品 CEO

推荐语

餐饮是个勤行，这是大多数人对餐饮业的传统认知；但在现阶段，餐饮已经成为一个极为需要"求生欲"的行业，仅靠勤勉显然是不够的，"如何活下去"是所有餐饮人入行的第一课。本书刚好击中了餐饮人的生存痛点。本书以 300 多个餐饮咨询案例为基础，凝结了作者多年的餐饮品牌运营经验，提倡顺应以客户为核心的新餐饮经营模式，如切如磋、唯真唯实，是一本新时代的餐饮运营实战手册。本书提醒了所有餐饮人，除了秉持对行业的深沉热爱、对品质品牌的不懈追求以外，更重要的是对行业常怀敬畏之心。

——陈洪波　红餐网创始人

在激烈竞争的餐饮环境下，开门就有好生意做的日子一去不复返了，甚至连"活下来"都是一件难事。餐饮行业经历了 O2O、互联网思维等新概念的洗礼后，这些概念越来越归于"常识"。围绕产品、服务和环境给消费者提供一餐好饭是餐饮人的本分，也是相关经营动作需要紧密围绕的关键点。餐饮人要懂得如何高效学习，而不要盲目学习，学习的对象和方式非常重要。史远身兼餐饮人和咨询导师双重身份标签，他用自己丰富的实战经验和服务案例让餐饮人尽量少走弯路，正是餐饮人需要学习的对象。加上他爱玩和会玩的独特个性，相信他的新作一定能给餐饮人带来有趣的思考。

——叶峰涛　勺子课堂联合创始人

"吃"是最日常的需求，餐饮是最通俗的一门生意，但是开餐厅却是"坑"最多的经营之路，尤其是在餐饮业快速演化的今天。以空杯心态，持敬畏之心，才能实现从入行到入门。本书值得新老餐饮人认真读一读。

——谭野　餐饮老板内参创始合伙人

本书关于新餐饮的定义和总结，有助于餐饮人在餐饮洗牌大势下，通过书中众多案例总结出的实战经验，结合一些方法工具梳理清楚自己的企业的转型升级之路，对打造具备可持续盈利能力的新餐饮企业是有极强借鉴作用的。

——张卫　绝味网聚投资创始合伙人

序　言

很多人都说餐饮业的门槛低，我说："餐饮业的门槛确实很低，谁都可以开餐厅。"但这道门槛的后边有一堵墙，这堵墙很厚，所以在开餐厅的人中并不是所有人都会成功。这是我曾经在日本亲身经历餐饮品牌经营、回国后又为300余家餐饮连锁品牌提供咨询服务后的肺腑之言。在阅读本书前，我希望所有餐饮业的经营者都认真体会上面这句话。

本书的名字之所以强调"生存秘籍"而不是"成功秘籍"，是因为我认为在这个瞬息万变的时代，成功很难复制，靠的是天时、地利、人和等众多非标准化的因素。但是，在目前的经济环境下，如何能够永续地生存下去反而是经营者应首要考虑的前提。

2018年，餐饮业从业人数已经达到3 000万人，整体收入达到4.4万亿元，比2017年增长了9.9%。从外部看，餐饮业展示出了蓬勃的发展势头。但在共计880万家的餐饮企业中，只有20%处于盈利，而且在2018年新增注册的2 700家餐饮企业中，关店数量占到总数的91.6%。这些数据又在提醒餐饮业的经营者们，形势非常严峻。

造成餐饮企业经营失败的原因有很多，如市场的不景气、选址的失误、跟不上市场和消费者需求的变化等，总而言之是因为经营者没有进行合理的构想和实践。因为，大多数从业者在选择进入餐饮业的时候，都认为餐饮业是一个比较容易把控的行业，并且认为"民以食为天"所以也是一个比较广阔的市场，凭借着自己雄厚的资源、资金、一腔热血和情怀，就足以打造一家成功的餐饮企业。但事实并非如此，在餐饮业绵长的产业链条上，经营者每天都要面对各种琐碎的事情，每一个环节的失控都有可能导致整体的失败。所以餐饮企业经营者在一开始，就要经过系统性思考，规划出一个清晰的目标，推理出未来企业发展的合理路径，然后积极地实践。

实际上，对现在的餐饮企业来说，真正的制胜之匙，是顺应时代的潮流，掌握市场的变化，迎合主流的消费者群体，尤其是规模为2.28亿人的"80后"、1.74亿人的"90后"、1.47亿人的"00后"，甚至1.64亿人的"10后"年轻人群。面对受网络影响深远的年轻一代，他们对于饮食消费的挑剔程度前所未有，餐饮企业成败存亡的关键已经不再单纯是菜品（也就是产品）本身，而是企业满足用户多元化需求的能力。

这种从产品思维转向为顾客思维的餐饮经营模式，就是我所说的"新餐饮"。餐饮业经营要在实操层面下苦功夫，如果各种餐饮经营概念无法落地，那么餐饮经营是很难持续的。而我在本书中希望着重提到的关键点是：在未来的餐饮行业，只是把食物做得好吃是远远不够的，为顾客贡献好吃的食物是基础，更重要的是真正站在顾客的角度，深入挖掘他们的需求和痛点，掌握顾客的心。"心中有顾客"，才是经营永续的关键点。

创新与生存是未来餐饮企业发展的时代主题，创新是为了餐饮企业更好地生存下去。本书凝结了我本人对餐饮行业的理解和通过对300余家品牌提供咨询工作而总结下来的方法论，希望能帮助更多餐饮企业了解并掌握进行新餐饮模式创新的方法，从而达到少走弯路、永续成长的目的。但篇幅有限，无法在技术层面进行深入的阐述。不过大道至简，方法虽然浅显但却具备经过广泛实践证明的有效性。

本书我着重以消费升级下的市场为背景，结合市场上有生命活力的餐饮品牌，分别从如何做品牌创新、产品创新、渠道创新和营销创新四个维度进行深入探讨，以我之前辅导过的企业的实战案例加方法的形式将新餐饮经营的核心逐一呈现。最后会对餐饮业未来发展的趋势进行个人的预测。

认为"我只要开店,顾客就会过来"的时代早已一去不复返,消费者的需求和价值观随着市场变化在改变,谁能先一步抓住消费者变化的脉搏,谁就能在任何行业或品类中拥有成功的机会。

史 远

2019 年 10 月

目 录

推荐语

序言

第 1 章
餐饮江湖的惊天巨变

1.1 消费升级：
我国 4 万亿元的餐饮市场规模 / 002

1.2 生态重塑：
餐饮行业的生死大洗牌 / 006

1.3 技术颠覆：
人工智能与餐饮跨界连接 / 009

1.4 品类竞争：
不断细分的品类是差异化的突破口 / 012

1.5 城市力量：
三、四线城市成为餐饮新的增长点 / 016

1.6 商业竞争：
外卖平台的兴起和成熟 / 019

第 2 章
消费升级下,品牌如何破局蜕变

2.1 行业现状:战略定位不精准是餐饮品牌主要问题 / 026

2.2 餐饮细化:不断细分的消费需求和场景 / 029

2.3 消费转型:餐饮消费者的全新"打开方式" / 033

2.4 推陈出新:四大创新引领变革 / 037

第 3 章
品牌创新:建立品牌的目的是溢价,不是低价

3.1 重心转换:什么才是目前餐饮企业的主要竞争力 / 046

3.2 创新路径:分析市场火爆品牌的发展路径 / 052

3.3 知己知彼:三维度品牌现状诊断 / 056

3.4 招牌引流:店名没起好,事倍功半 / 060

3.5 溢价策略:品牌获得高溢价的四个方法 / 064

3.6 品牌人格化:赋予餐饮企业人性的温度 / 069

3.7 形象图腾化:赋予品牌一个独具特色的形象 / 072

3.8 餐饮特色化:将地域文化转变成餐饮品牌 / 079

3.9 品牌连锁化:加高行业壁垒 / 082

3.10 人员管理:人是餐厅品牌的象征 / 085

第 4 章
产品创新：菜品与服务，永远是核心

4.1 回归初心：用"匠心"打造产品 / 092

4.2 单品突围：聚焦爆款单品 / 096

4.3 新品研发：不断开发新菜品 / 103

4.4 创新原则：
7 条优秀产品设计准则 / 107

4.5 竞争分析：知己知彼，制定战胜对手的策略 / 113

4.6 合理定价：
灵活组合菜品让定价更有利润 / 117

4.7 周到服务：
创造超出用户预期的体验 / 121

4.8 完善售后：赢得用户的认可 / 123

第 5 章
渠道创新：用零售的思维看餐饮

5.1 网络浪潮：未来十年，餐饮行业与互联网将进一步融合 / 128

5.2 零售餐饮："全零售" = 门店 + 外带 + 自提 + 外卖 + 食品化 / 131

5.3 渠道新贵：
选择合理的外卖餐饮运营模式 / 137

5.4 优美环境：打造舒适用餐空间 / 141

第 6 章
营销创新：推广方式的全新定义

6.1 互动分享：
利用新媒体平台多与用户交流 / 146

6.2 口碑营销：自夸不如人夸，让用户替你做宣传 / 153

6.3 社群营销：来自好友的美食推荐 / 157

6.4 活动营销：用创意引爆品牌 / 161

6.5 IP 营销：
借助火爆的品牌效应引动粉丝 / 165

第 7 章
未来餐饮业的发展趋势与案例分析

7.1 行业演变：
认识商业演进的规律和趋势 / 172

7.2 新型餐饮：分析优秀的商业模式 / 175

7.3 取胜之匙：餐饮市场究竟要什么 / 177

7.4 精准创新：未来三年，餐饮企业少走弯路的关键点 / 181

7.5 开源节流：未来三年，餐饮企业业绩增长的关键点 / 184

后记

第 1 章
餐饮江湖的惊天巨变

我国的经济发展正在迈入一个崭新的时代，人们的生活水平在逐渐升级和发展。各行各业逐渐由"量"的积累转变为"质"的飞跃。新时代的餐饮业也面临着巨变，一场声势浩荡的变革正在逐渐展开。在这样的时代背景下，餐饮企业唯有紧抓时代变迁的机遇，才能适应不断转型升级的消费市场。

1.1 消费升级：我国 4 万亿元的餐饮市场规模

作为一个美食爱好者，我一直为自己生在中国而感到无比的庆幸，因为我国所具备的复杂饮食体系和多种风格的地方特色是世界上其他国家/地区所无法比拟的。更令我欣喜的是，我国拥有发展完善的餐饮行业和广阔市场，能够承载并表现我们的美食文化。

在任何时代、任何国家，人们对吃的追求总是无止境的。我国有近 14 亿人口的广阔市场，拥有餐饮行业发展的优质温床。而事实也证明了，我国的餐饮市场确实正在稳定高速发展中。

2013~2018 这 6 年间，餐饮行业一直保持着高速增长的发展势头。据国家统计局公布的相关数据表明，到 2018 年，我国餐饮市场的总体规模首次突破 4 万亿元，达到 4.2 万亿元。2019 年上半年，我国餐饮收入金额为 21 279 亿元，同比增长 9.4%（见图 1-1）。

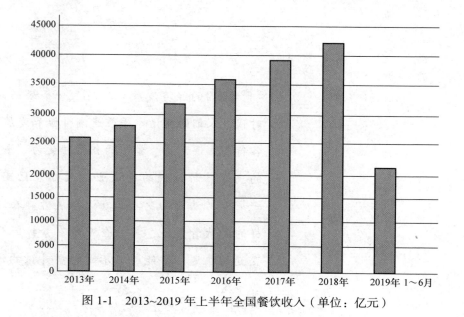

图 1-1　2013~2019 年上半年全国餐饮收入（单位：亿元）

如果单纯看数据，4万亿元的确不是一个小数目，考虑到我国将近14亿的人口数量，我认为4万亿元仅仅是一个开始。因为在巨大的市场基数下，4万亿元的餐饮消费折算成人均消费每年只有3 000元左右而已，换句话说，我们现在平均每个月用于饮食消费的资金不到300元。要知道，国家统计局2018年第一季度的数据显示，现在我国居民平均月可支配收入在2 600元以上，而像北京、上海等一线城市，这个数据已经达到5 000元以上。所以我认为，居民饮食消费还有很大的上升空间，也就是说，我国的餐饮市场还有很大的潜力可挖掘。

我国的餐饮市场能够持续平稳地发展，和整体的经济形势有不可分割的关系。虽然我国近几年的经济发展速度略有放缓，但依旧保持着正增长。在国家的宏观调控中，有两点我认为对餐饮企业发展有极大的裨益。

首先，我们知道，最近几年国家为了实现产业的转型，开始大力扶持第三产业的发展。所谓第三产业，指的就是像旅游、物流等服务行业，而餐饮也属于其中之一。除了得到政策扶持以外，旅游业的发展，为一些具有鲜明地方特色的餐饮企业带来了源源不断的客流量，也在一定程度上刺激了餐饮消费的增长。

其次，为了刺激经济活力，国家对于自主创业的扶持力度也在逐渐增加，一些大学生创业基金、银行创业贷款以及各种创业投资公司的发展，为大众自主创业提供了更加便利的条件。而餐饮企业作为大众认知中一种技术门槛低、经营难度相对较小的商业类型，深受创业者青睐。

当然，宏观调控的目的只是为经济的发展提供更稳定的环境，除了国家宏观调控的作用以外，推动餐饮市场高速发展的根本原因是经济增长带来的消费升级。

近几年我国经济的迅速发展，使城镇居民和农村居民的收入明显提高，明显的表现就是全国人均收入水平不断上升。而收入的提高带给人们的直接影响，就是消费观念的逐渐转变。饮食的作用不再只局限于果腹，人们也开始追求食物的味道和质量,乃至餐饮以外的服务、环境、趣味等因素。消费升级带来了更多、更新的需求,而需求的存在为餐饮企业的发展和转型提供了方向和动力。

根据国家统计局 2019 年发布的数据显示,现在国民人均收入增长的水平和经济增长的水平基本保持一致,也就是说,消费升级是"正在进行时"。而在这个过程中,餐饮市场的整体发展趋势呈现出以下五点。

1. 由餐品的价格、质量竞争转变为企业品牌、文化的竞争

在最初的餐饮改革期,餐饮企业大多是打价格战、服务和产品种类战。但是随着时代的变迁,人们需求的转变,情况也开始发生变化。不仅需要满足消费者用餐的生理需求,即菜品的味道;也要满足消费者的心理需求,即用餐的体验。因此,现在越来越多的餐饮企业开始重视自己的品牌效应,开始打造属于自己的品牌,同时不忘提升品牌文化形象。

2. 由单一业态逐渐发展到集团连锁化

原本传统的餐饮企业只能服务于一定范围内的消费者,但随着消费者需求的增加,单一业态已经不能吸引更多的消费者。比如熟食店,在商业区应该侧重便携、分享,而在居民区就应该重视家庭需求。与此同时,单位面积内餐饮企业的增加和外卖不断挤占市场,对于有发展需求的餐饮企业来说,在更大范围的市场进行产业布局能够更大限度地吸引消费者,也有利于形成品牌效应,所以集团连锁化已经逐渐取代单一业态成为餐饮行业发展的主流。

3. 中外餐饮品牌之间的竞争不断加剧

近年来,不断有国外知名餐饮企业涌向国内(如米其林指南、Lady M 甜品),这对国内的餐饮企业造成了一定的冲击。我国的餐饮企业一直在国外餐饮品牌的巨大挑战下生存。与众多国外餐饮品牌相比,国内的餐饮品牌在管理和服务方面存在很大差距。而国外的一些先进的经营理念对我国的餐饮企业影响较深。

4. "唯新不破"成为餐饮市场的主旋律

餐饮市场的竞争日益激烈，出现很多新势力，凭借着"新"取胜。打破传统市场格局的案例层出不穷。新技术、新品类、新体验的出现让传统餐饮企业受到冲击。各种老字号也开始借鉴新的形式，让自身的文化底蕴迸发出不一样的"味道"。比如北京全聚德、天津狗不理，它们经历了变革之后成为城市的文化名片。

5. 种类多变，形式差异性大

在2014年餐饮业寒冬以后，各种形式的餐饮店开始迅速扩张，如同雨后春笋般拔地而起。餐饮形式发生变化，强者迅速占领市场，一些接地气的品牌开始获得人们的关注，如黄焖鸡米饭、麻辣烫、沙县小吃等。除此之外，讲究效率的各种快餐店也迅速占领市场，烧烤店、自助餐厅也参与了市场的瓜分（见图1-2）。

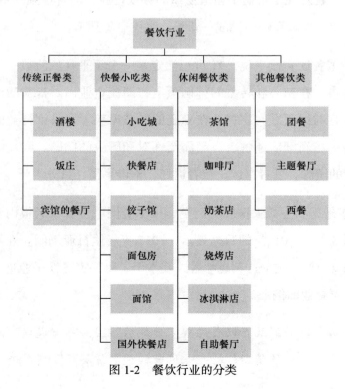

图1-2　餐饮行业的分类

伴随着时代的不断变迁和消费升级，以及餐饮行业独有的行业格局和大众的消费需求，我们逐渐进入了新餐饮时代，出现新的消费主体、新的品牌需求、新的餐饮……

餐饮消费的主体仍是顾客，只有从根本上抓住顾客的需求进行革新，才能跟上日新月异的市场变化。

1.2　生态重塑：餐饮行业的生死大洗牌

因为工作的需要，我经常出差去很多陌生的城市，作为一个为餐饮业经营者保驾护航的咨询顾问，观察当地的餐饮行情几乎是我的本能。在持续的经验积累下，**我发现现在这个新老交织的餐饮行业，即将迎来一场生态重塑。**传统餐饮行业正面临严峻的挑战，新餐饮时代逐步到来。

对于诸多餐饮企业来说，21世纪注定是一个不平凡的阶段，传统品牌面对时代的冲击，在初心和转型间徘徊不定；潮流企业面对日益激烈的同质化竞争，在生存与毁灭之间飘摇。在稳定的经济形势下，餐饮行业的生态却亟待重塑，传统与新潮店还各有自己需要面对和解决的问题。剧变的时代催生了餐饮行业的洗牌，胜者存续，败者退场，不讲平衡，只分生死。

2017年是这场生死大洗牌的高潮，根据美团联合餐饮老板内参平台发布的《中国餐饮报告2018》的数据显示，2017年餐饮行业倒闭企业数量占新开企业数量的91.6%。这个比例意味着，基本上，每一家餐饮企业进入市场都伴随着另外一家企业的倒下。

曾经红极一时的高端自助餐品牌"金钱豹"因为墨守成规逐渐与市场脱轨，最后轰然倒下；凭借新鲜感叱咤风云的"水货餐厅"随着新鲜感的消减而退出市场；网红餐厅"一笼小确幸"经营到最后因为产品质量不过关而出局；还有主打高端体验的"书香茶香"也是曲高和寡，被市场淘汰……而这些，不过是这场变革的冰山一角。

当然，我们对待事物要从正反两面综合来看，在众多餐饮企业倒闭的同时，也有很多新的餐饮品牌成名或崛起。比如，文艺小清新的新式茶饮代表品牌"喜茶"和"奈雪的茶"、手工即食冷饮品牌"钟薛高"、主打社交购物的咖啡外送平台"连咖啡"等。

这些"不寻常"的现象无不在预示着餐饮行业即将面临生死大洗牌。那些墨守成规的餐饮企业注定要消失在消费升级的洪流中，而那些懂得创新的企业将会迎接潮流趋势而生，未来的餐饮生态也将得到重塑，餐饮企业要顺应趋势而变。

那么，在转型升级的新餐饮时代，餐饮企业需要注意哪些实际问题呢？

1. 消费人群的认知

不管在哪个时期，餐饮业都属于服务行业，消费者是餐饮企业的"衣食父母"，因此餐饮企业应时刻关注大众消费人群，以满足大众消费需求为主要认知。

首先，现阶段我国的人均收入水平正在不断提高，对于饮食消费的意识和需求也在不断升级，外出就餐的概率大大增加。面对数量日渐增加的消费群体，各种差异化的个人要求和饮食偏好也会越来越多，餐饮企业要保证为他们提供更加贴心的服务。

其次，年轻消费者逐渐占据市场，成为餐饮市场的主要突破点。抓住年轻人的心就等于赢得了市场份额。21世纪，"80后"、"90后"作为新市场的生力军，不仅具有全新的消费观念，还具有超强的消费能力，这两个特点也是餐饮企业占领市场最需要的武器。对于年轻的消费者群体，投其所好是最好的营销方式，利用年轻人追捧的潮流元素吸引年轻消费者。

2. 外卖渠道的扩张

我国的外卖市场从 2011 年开始发展至今一直保持着持续增长的态势（见图 1-3）。"80 后""90 后"成为主要的餐饮消费者群体，由于工作的需要、烹饪技能的缺乏等原因，他们对外卖的需求持续增加。

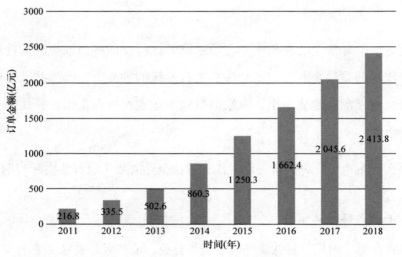

图 1-3　2011~2018 年外卖市场订单规模

自 2018 年开始，外卖品类的品牌化趋势越发明显，逐渐发展为行业壁垒，这也就意味着外卖市场开始朝着连锁、精细化的运营变革。需要强调的是，在我看来，对于传统餐饮企业门店而言，外卖更适合作为渠道销售的延伸，但单纯经营外卖很难打造出真正意义上具有影响力的品牌。

3. 强调用户体验

新时代打造新市场，作为市场的主体，消费者是一切餐饮行为的中心。只有服务好消费者，餐饮企业才能在餐饮市场上长久立足。因此，消费者的消费体验和服务将成为关键，并且这两个方面在未来也会有巨大的发展空间。

人们用餐的时候不再满足于简单的饱腹，还应该包括用餐体验和情感消费。

比如，望湘园旗下的粉面餐饮品牌——百春原，它在经营初期产品种类繁多但缺乏竞争力，不但生产成本高，而且消费者还不买账。经我们提供咨询服务之后，它确立了产品创新、主打消费体验的经营战略，从而在上海市场火爆，在半年内利润提升了10%。

4. 科技结合转型

科技的不断普及和发展将会推动餐饮行业的数字化转型。互联网的飞速发展带动了科技的普及，将消费者和餐饮行业的通路逐渐打开，同时，也为餐饮企业提供了有力的管理工具。因此，数字化转型成为餐饮企业发展过程中的必然方向。大数据的流行、物联网的逐步兴起也成为餐饮企业发展过程中的主力因素。这些新兴的科技力量有助于企业更进一步提高管理水平，比如星巴克就通过大数据为新店进行选址；味多美利用口碑大数据进行精准营销；木屋烧烤借助大数据实现了对信息化系统的完美打造，帮助其成功创建高效运营的连锁体系……

大浪淘沙，新时代的餐饮行业会直接进入残酷的"淘汰赛"。如何在竞争激烈的赛场中冲出重围，开拓属于自己的餐饮之路，是每一位餐饮人必须考虑的事情。那些善于转型和升级的餐饮品牌一定会走得更稳、更远。

1.3 技术颠覆：人工智能与餐饮跨界连接

人工智能一直是很多科幻电影和科幻小说所钟爱的主题，比如美国的《终结者》系列、阿西莫夫的《我，机器人》系列等。但现在，人工智能不再只是存在于想象中的事物，它们开始进入人们的生活，虽然现在的人工智能比如扫地机器人、智能音箱等，还只能做一些简单的事情，但也引起了人们对未来人工智能的思考。当机器具有了一些人类的思维能力，对我们而言是好事还是坏事？我们又应该以什么样的方式对待人工智能？但无论人们如何思考这个问题，当下人工智能所带来的狂潮已经席卷世界各地，成为不可逆的潮流。

我们以餐饮行业为例，现在很多餐厅都已经呈现出智能化发展趋势，机器人、语音识别以及人脸识别等技术的应用帮助餐厅极大地节省了人力成本，同时使餐饮运营的各个环节变得更加科学、高效。比如一些餐厅使用智能点餐系统为顾客服务，这样既避免了用纸笔记录容易出错的问题，还会将顾客的消费记录保留，方便顾客下次来店时为其进行个性化推荐。在经营上，餐饮企业也会通过大数据技术对一段时期内点餐系统所记录的菜品销售情况进行展示与分析，针对销售量不足的产品进行更换或改进，这对于餐饮企业的长期可持续发展有趋利避害的作用。

但人工智能在餐饮行业中的应用绝不仅限于此，除了这些广泛使用的技术之外，很多餐饮企业开始追求更高层次的智能化。利用人工智能实现去服务人员化、去前台化，甚至去厨师化，这种人工智能与餐饮的跨界联合被我们称为"智慧餐饮"。

现在应用比较广泛的有餐饮机器人，比如 Flippy 就是一款由 Miso 机器人公司制作的菜品制作类机器人，它可以替代人工制作汉堡包肉饼。还有北京的一家创客实验室也推出了一款机械臂手冲咖啡机器人，它可以模仿咖啡师的动作冲出精品咖啡。除此之外，各种以智能餐饮系统提供服务的智能餐厅也应运而生。2018 年 11 月，京东 X 未来餐厅正式在天津开业，这是京东旗下的一家无人餐厅，该餐厅从点餐到炒菜，再到传菜和结算，全程没有一个服务员，也没有厨师，都由机器人和人工智能后台完成。

关于"智慧餐饮"这一概念仍然没有一个明确的定义,但我认为"智慧餐饮"其实就是利用互联网的专业技术和智能设备对服务环节进行优化,再通过在线形式的运营,来达到提升服务效率和实现终极管理的目的,最后实现线上和线下的可持续发展。

很多餐饮企业开始进行互联网升级,跨界者和新业态不断涌现,智慧餐厅等场景开始进入人们的视线,如果说之前人们对于人工智能的探索和主要应用还处于试水阶段,那么,从现在开始,我们将在人工智能的战场上开启"艰苦奋战"。

餐饮行业一直以来都深受"三高一低"的困扰,人工成本高、租金高、材料费高但是利润却很低,若是把人工智能应用到餐饮行业里,会擦出什么样的火花?越来越多的餐饮企业开始在这个领域积极地尝试。

1. 消费者体验升级

通过人工智能技术,把餐饮企业的排队、订餐、收银系统整合,使这些场景信息化,让顾客和餐厅形成一种实时互动。这样可以节省消费者的排队等候时间,从而优化消费者的用餐体验。

当前无论是国外还是国内,都已经出现"四无"智能餐厅,即无收银员、无服务员、无厨师和无采购员。

这些智能餐厅,大多采用人工智能技术来取代人力,那些不能用机器取代的则鼓励消费者自主完成,能够最大限度地降低人工使用成本。餐厅里面设置了点餐机,消费者可以自主点餐,省去了等待服务员的时间;采用移动支付让消费者自主结算付款,省去了收银员的成本,顾客也节省了等待结账的排队时间;使用互联网开发菜单、使用机器人语音叫号、使用移动网络终端来替代服务员下单服务等。

2. 餐厅后台数据分析和管理

运用大数据管理系统，将每个门店的消费者行为、每个门店的经营成本和物流数据进行汇总，还可以帮助餐饮企业解决营销成本和优化等问题。

还是以前面我们提到的无人餐厅为例，这些无人餐厅通过大数据分析及供应链管理系统记录数据，来替代采购员的工作；并且可以进行精准的产品匹配，运用产品供应链的即时配送功能，直接将成品或只需简单加工的半成品送到餐厅，这样就可以用具备简单烹饪和加热功能的机械手来取代人力成本较高的厨师。

以人工智能技术取代人力，提高效率并优化消费者的体验，为广大餐企赋能，可以帮助餐饮企业节约人力成本和资源，这必然是一场巨大的变革。

尽管，餐饮企业的智能化道路现在还只是一个开端，未来仍然有很长的路要走。但是，这说明餐饮企业的智能化转型和技术升级是必然趋势。

1.4 品类竞争：不断细分的品类是差异化的突破口

不管是在过去还是在现在，人们外出就餐的时候经常会问"吃什么"，虽然是同一个问题，但在过去和现在所指的方向却截然不同。在过去，这个问题代表的是在一个餐厅中选择什么类型的产品；而在现在，这个问题代表的是去哪一个餐厅就餐。

之所以会出现这样的情况，是因为以前在一定地理范围内餐厅的数量有限，人们外出就餐的选择并不多。而当时的餐厅为了更好地适应更多的用户，通常都是经营多种不同类型的菜品。但在当下，我们所面临的情况恰恰相反，各种各样的餐厅在我们身边越来越多，而这些餐厅大多是主营单个品类甚至只做单品，比如、卤肉饭、重庆小面、肉夹馍等。用一句话概括就是，过去的餐饮企业侧重大而全，而现在侧重的是小而精。

到现在为止，这两种经营方式依然广泛存在于餐饮市场中，这两种不同的经营方式不断碰撞、竞争，各有优势，但到底哪一种才是餐饮企业未来的出路呢？

在餐饮行业竞争中最常见的是同质化竞争，在一定区域内同一类型甚至同一性质的产品数量增加，消费者可选择的范围也相应扩大了，但消费者群体的数量是没有变化的，这就意味着，自己的用户会被分流出去一部分。所以餐饮企业赢得竞争的突破口就是差异化经营，人无我有，人有我精才能树立品牌效应，成为超越同类型企业的撒手锏。而这种差异化实际上就是产品的品类竞争，通过制造消费个性引导并留住消费者。

既然如此，那不难看出品类复杂化的经营模式不再适合于当下，与其在多种品类中消耗资源与精力，不如找准一个相对具有优势和市场潜力的品类进行深度开发，形成自己独特的产品和市场。

品类细分对于目前的餐饮市场来说是一个很大的契机，国内消费水平的不断升级，使得大众消费的主要需求开始差异化，品类细分有着重要的意义。

1. 保证供应链的专业性和时效性

从产品自身来进行品类细分，可以让某个区域和品类内的产品种类更为集中，这样完全可以保证供应链的专业性和时效性。同时产品层面也会变得更加专业化。越来越多的优质产品会逐渐满足有高要求的消费者需求，从而形成口碑的传播。

2. 帮助餐饮品牌不断成长

细分代表着专营，我们可以在一个产品上集中最多的力量来开发和创新，虽然竞争力变得单一，但能够在某一领域形成不可撼动的品牌地位。

3. 积累忠实顾客群

对一个品类进行细分，也就意味着对实际的消费者群体进行细分、具体化。也就是说，通过细分品类，帮助我们筛选顾客群，帮助我们快速找到属于自己的消费者。这样，我们可以通过自身品牌的力量，快速占领这些顾客群的心，从而达到积累忠实顾客群的目的。

品类细分，可以让餐饮企业更加专注于自己的品牌建设，可以回归产品的本质和初衷。品类细分也让消费者、产品和企业品牌能够更好地形成一个良性的生态闭环，突破目前市场上"有品类无品牌"的阶段。

但对于餐饮企业而言，如何找准切入点，选择合适的专研品类是一个困难的课题。尤其是对于多品类经营的传统餐饮企业而言，留下什么、舍弃什么都需要深思熟虑。品类细化是一条坎坷的路，而品类选择相当于起点，一个合适的选择能够降低未来产品经营的难度，所以餐饮企业必须对自身、市场，以及消费者进行综合的衡量，慎重地做出选择。

首先，餐饮企业选择的品类，应该是自身所经营品类中相对有优势或有特点的组成部分。这样在原本相对扎实的基础上，进一步开发产品和创新的难度也会相对较小。

其次，餐饮企业选择的品类，最好在当地市场有一定用户基础，在口味和其他方面也要尽量符合所在市场消费者的偏好，对于占领市场和产品推广都有一定益处。

在选择了品类之后，餐饮企业要做的就是进行细分品类的经营，通常可以分为三个阶段。

1. 第一阶段

针对选择的产品品类进行产品的升级与迭代，以打造自己的品牌影响力。如果有资金注入，可以借助外部资金迅速打响品牌的攻坚战，争取尽早占有足够优势，成为领域内的头部品牌。比如在小龙虾领域，虽然出现了像虎跃龙虾、红盔甲等暂时比较知名的品牌，但大多都是本土品牌，没有形成最终的用户识别认知。

2. 第二阶段

在形成了一定的品牌影响力之后，餐饮企业要做的就是用成熟的单品争夺更多的市场和消费者。谁能得到更多的市场份额、更多消费者的青睐、更多的"粉丝"，谁就能成为行业的领头羊。比如外卖市场几乎被美团、饿了么垄断，市场份额所剩无几。在西式快餐领域，肯德基、麦当劳、德克士、必胜客也占据着霸主地位，一时之间很难被动摇。

3. 第三阶段

当我们已经在某个品类里处于一家独大地位的时候，也不能掉以轻心。因为餐饮行业的特殊性，想要一统江山是不可能的。虽然可以存在一个品牌的绝对地位，但随时都有可能被其他企业拉下马来。比如在咖啡市场，"星巴克"可以说是行业老大哥，但背后也有"瑞幸咖啡"这样的品牌虎视眈眈；同样在火锅品类里，"海底捞"占据着不可撼动的强势地位，但也有像"巴奴毛肚火锅"这样强有力的竞争对手。所以，即便我们已经成为知名的餐饮品牌，也要记得回归初心，对产品进行进一步的开发和创新，保持企业的活力。

品类竞争虽然在现在还处于胶着的态势，但我相信，未来的餐饮企业业态是小而精模式，大而全只会陷入同质竞争的泥潭中不可自拔，最后还是要寻求不断细化的品类作为差异化的突破口。

1.5 城市力量：三、四线城市成为餐饮新的增长点

我相信在很多餐饮企业经营者的眼中，一线城市才是优质的市场，有更高的消费水平、更多的优质客户、更新潮的消费理念，但事实真是如此吗？

的确，对于最初的餐饮市场来说，一、二线城市确实是其主要阵地，但现在，所谓的一线城市市场早已经进入盈利红海，市场趋于饱和。而且随着房价租金、原料成本的升高，加上与各种外卖平台合作费用的不断升高，很多餐饮企业已经沦落到"为房东打工"，基本的利润都保证不了。与此同时，随着市场消费主题和消费群体的逐渐年轻化，三、四线城市现在开始出现迅猛的发展势头，成为餐饮行业新的增长点。

据《中国餐饮报告2018》数据显示，2018年，全国主要城市内的知名餐饮品牌已经出现大规模关店潮，餐饮行业的闭店率最高已经达到70%，平均一家餐厅的寿命不足两年，只有508天。此时，我国外卖市场整体增长趋势放缓，但是三、四线城市的订单量明显超过一线城市。

除此之外，很多一线城市已经开始做产业迁移，众多大企业和工业开始逐渐向三、四线城市靠拢。这会为三、四线城市带来新的经济增长点和更多的资源以及关注，随着资源整合和功能转移的深入，人流量也会暴增，这些地区将会成为新的消费热区。那么三、四线城市餐饮市场具有哪些优势呢？

1. 成本低

对于众多餐饮企业来说，三、四线城市的各项成本都比较低，比如人工费、物价、房租等。尤其是在房租方面，一般的餐饮企业都是租用房东的房子进行装修和经营，现在一、二线城市的房租一般都比较贵，而三、四线城市暂时还没有类似的问题。虽然三、四线城市具备良好的发展前景，但无论

是其基础设施还是物价水平还停留在当下，所以房租的开支相对来说会较低。

除此之外，大城市的物价贵，餐饮企业需要的各种食材等原材料的价格都很高，在三、四线城市则不然，蔬菜、肉都可以由附近农民直接送，成本可以低很多。一线城市的人工价格也要比三、四线城市的高很多，这无形之中又是一笔不小的开销。

2. 需求旺盛

三、四线的人口增长速度加快，其主要人口规模也一直高于一、二线城市。将来三、四线城市的经济必然会呈现迅速发展的态势。

三、四线的年轻消费群体也逐渐呈现增长趋势。相较于中老年人，年轻人的消费能力要更强一些，尤其是"90后"，他们更乐意消费尝试新鲜事物。所以，三、四线城市将来的消费水平不一定比一线城市低。

3. 竞争维度低

从市场竞争角度来看，三、四线城市还有很大的市场开发空间。三、四线城市的餐饮现状是品牌企业比较少，山寨餐饮企业比较多，一线大牌企业也很少在三、四线城市进行产业布局。所以三、四线城市等同于没被发现的"新大陆"，能够形成竞争的对手很少，从竞争角度来说，存在一定竞争优势。

4. 消费者对价格敏感

位于三、四线城市的大部分消费者对于餐饮消费的价格敏感度比较强，所以对于商家来说引流就很方便。商家可以进行打折优惠、促销等活动，活动越是简单，引流效果越好。

虽然三、四线城市在各方面都占有优势，但对于餐饮企业经营者来说毕竟是没有经验的地区，很多人都想当第一个吃螃蟹的人，但没有人愿意当第一个被螃蟹夹到手的人。既想进军新市场，又恐惧未知的挑战，餐饮企业到底应该如何开拓三、四线城市的市场呢？

1. 前期建立品牌认知

在前期进行推广的时候，一定要迅猛，要在消费者心中建立品牌认知度。与大多数一线城市相比，大品牌很少在三、四线城市立足。所以要借助这样的优势，找到自己的消费客群做到集中推广，让消费者心中有你，这样才能打开未来的通道。

2. 尽量与成熟的品牌合作

对于缺乏经验的餐饮企业来说，可以选择和成熟的加盟商合作，不仅可以有效解决后期供应链的问题，还可以实现多品牌合作，为后期的运营留下余地，不至于在出现问题之后无法解决。

当下，在三、四线城市出现了很多小本创业者，他们在选择餐饮品牌的时候，会更多地关注后期运营落地的问题，不至于在出现问题时自己无法解决。

3. 经营品类尽量物美价廉

很多调查研究表明，在三、四线城市的餐饮消费中，快餐小吃类更受欢迎。虽然三、四线城市的人均收入提高了，但是他们早已形成精打细算的消费习惯，所以在品类选择上最好选择物美价廉的。这一品类的消费占比比较大。因此，餐饮创业者可以选择这种价格适中、比较适合快餐消费的小吃类型。

4. 店内装修尽量符合年轻人的审美

在三、四线城市的消费者中，年轻人的比重较大，他们拥有较强的消费能力。与其他消费群体相比,他们接受新鲜事物的能力较强,并且十分注重自己的消费体验。面对这样的消费群体,餐企要经得住考验,要能经受住他们挑剔的眼光。对于食物他们可能没有那么多的要求,往往更加看重店内的装修设计和就餐体验。

三、四线城市将来必定成为各大品牌竞争的市场,也是未来推动消费和市场经济的重要部分。对于餐饮企业者来说,不是转到三、四线城市就要降低产品质量,放松警惕,在任何时候,都要保持自己最初的产品品质才能留住顾客和享有好的口碑。

1.6 商业竞争:外卖平台的兴起和成熟

在经历了半天或一整天的工作后,很多人都会以外卖作为填饱肚子和补充能量的首选,但你在享受着外卖带来的便利时,有没有想过,外卖是从什么时候开始走进我们的生活的?

和餐饮行业其他的业态发展规律不同,外卖不是因为消费者和市场的需求出现和崛起的,而是横空出世,用近乎野蛮的方式影响着消费者和市场,形成对自己有利的走向,从而成长起来。在2011年网络订餐服务出现之前,人们都习惯于堂食和外带的形式,那时主要由餐饮企业提供外卖服务,但网络订餐服务改变了人们餐饮消费的习惯。2013年网络外卖平台——饿了么、美团外卖的上线,开启了外卖行业迅速发展的时代。

最开始,外卖平台都是用极大的补贴刺激用户,我记得美团和饿了么刚刚上线的时候,利用各种平台红包和补贴,花几元钱就可以吃一顿饭。就是利用这种简单直接的方法,外卖市场从实体市场上强硬地夺去了大量用户。

而现在用户的基本习惯已经养成，野蛮生长过后的外卖市场逐渐发展成熟，各个平台开始缩减补贴红包，很难会出现像最初那种用很低的价格就能买到外卖的情况。商家开始通过完善物流速度、提高外卖食品品质等手段来培养用户的忠诚度。

外卖市场在不断扩大自己的规模之余，也在探索新的发展方向，从规模化以数量取胜到求质量以精品吸引客人，外卖能做到的已经不仅是为消费者配送果腹的食物，而是把实体餐饮消费的享受和体验完整迁移到网络平台上来，让用户可以足不出户就得到高质量的饮食消费体验。有消费者甚至会惊喜地发现火锅、麻辣烫、烤鸭都可以点外卖。外卖行业发展到现在，已经不是人们对外卖有哪些需求，而是外卖将会给我们带来什么影响。

2017年以来，线上餐饮的主要消费用户已经达到3亿人次，并且用户的客单价都在近三年内明显提高，也就是说人们越来越适应用外卖来代替实体餐饮的消费方式，人们的餐饮消费路径正在被外卖所改变。

外卖的高速发展，也重新定义了人们的餐饮消费习惯。以各种方便食品为例，以往但凡需要加班的人总会准备一些方便食品，但是现如今，这个场景逐渐被外卖代替，并且外卖的品种多样，速度快捷，能更好地适应加班人员的需求。

很多人说外卖的出现，给堂食的餐饮消费形式带来了巨大的冲击，但实际上外卖并不是只针对堂食，除了堂食以外，外带或者自己在家烹饪的习惯也不同程度地受到了外卖的冲击。

一方面伴随着人们生活节奏的不断加快，时间越发宝贵，而做饭是一件很费功夫的事情，越来越多的人开始没有足够的时间去准备一桌饭菜。另一方面，同样受快节奏生活的影响，一家人一起聚餐的机会也在不断减少，一人食的场景越发常见，对于独处的人而言，不论是自己亲自做饭还是外出就餐，都是一件麻烦的事情。外卖的出现很好地填补了人们在这一方面的需求，只要手指一点，便可以安心等饭上门。这也是今天外卖行业能够取得快速发展的主要原因。

那么，从这个角度出发，未来外卖市场将出现哪些发展趋势呢？

1. 智能化

随着外卖市场的日趋成熟、外卖用户的增长速度放缓，外卖商家逐渐把提升平台效率、提升顾客消费体验作为未来主要的发展方向。同时人工智能和大数据技术的发展开始助力提升外卖市场的效率，优化用户的体验。各大平台开始应用智能语音助手、无人配送、在线支付等技术，并进一步加大对骑手的在线管理，提升配送效率。除此之外，外卖平台还为顾客提供预约功能，帮助商家提升服务质量，推动平台实现线上、线下一体化。

2. 全品类

1）从快餐转向正餐：外卖的起源本来是解决消费者对于快餐的需求，节省时间，既简单又方便。但是这些年外卖行业开始转向正餐，比如春节期间外卖平台年夜饭的预订订单增加。并且，随着消费者用餐习惯的改变，开始加入下午茶、夜宵等形式。这些时段订外卖的人群规模也越来越大。外卖开始向全时段发展。

2）配送种类多样化：外卖的高速发展离不开自身强大的即时配送能力，而随着人们对饮食以外产品的配送需求的增加，外卖平台也开始提供其他产品的配送服务，包含鲜花、果蔬生鲜、药品等多种品类。餐食以外的外卖服务增加，意味着在线外卖平台开始向多元化发展。

3）半成品走俏：虽然最初人们选择外卖的一个重要原因是不愿意自己做饭，但现在人们对健康饮食的追求也在不断提高，有些人开始产生了在家吃、自己烹饪的愿望。但由于人们缺乏烹饪技能，处理食材的难度比较高，自己动手做会觉得比较麻烦，所以促使半成品外卖走俏市场。尤其是春节时期，半成品的年夜饭很受欢迎。

3. 责任化

在当下外卖行业快速发展的同时，也给我们生存的环境带来了一定负担，外卖包装的滥用，让环境保护的责任落到每一个外卖商家头上。要让环境保护落到实处，商家要开发出更多创新的措施，既不损害用户用餐安全，又能保护环境。

外卖平台在员工福利方面也要承担起责任。以保障员工的生命安全为第一位，同时要为平台引进更多专业人才。

比如为了减少一次性餐具的使用，饿了么在2017年启用"蓝色星球"计划，在下单页面确认添加"无须餐具"这一项选择，并且为选择这些选项的用户提供相应的积分奖励作为补偿。

4. 零售化

外卖市场不断成熟，将与零售企业相融合，外卖零售生态圈将要打造完成，比如便利店行业。

2018年8月，北京的7-ELEVEN公司对外宣布，自己旗下251家便利店将开始在线上进行销售业务，并且全面与美团外卖平台接轨。相比较其他知名的便利店，这家公司可以说是触网比较晚的，但是这次事件代表着便利店外卖正式成为发展趋势。从此零售界和外卖餐饮界之间的界限变得模糊。线上与线下相结合的外卖零售生态圈正在形成。

5. 个性化

外卖行业可以借助互联网的优势，运用大数据分析来获取众多消费者的个性化需求，并通过外卖平台进行有效商品供给。

围绕外卖消费者的需求来提供相应的服务，已经逐渐成为外卖平台一致的目标，结合大数据提供的平台数据以及自身在配送方面的实力，满足不同客户、家庭，不同时段，以及不同场景人们的需求。

打造一种休闲化的"餐饮+"模式，满足消费者日益上升的心理需求，给消费者一个爱上你的理由。

随着外卖市场逐渐回归理性，我国的外卖市场也会逐渐进入一个高速发展时期。可以肯定的是，当前外卖平台正在不断抢夺线下生意，抢占餐饮市场份额，所以传统餐饮企业应该注意利用好外卖平台，在发展线上订单的同时也要注意为线下合理引流。要重视也要懂得适当防卫，本书前面的章节曾指出，外卖平台更适合作为销售渠道的补充，传统餐饮企业不应该让外卖平台分走过多利润，因为这是在帮外卖平台崛起而进一步侵蚀自己，要充分重视自己线下门店渠道的流量。

第 2 章

消费升级下，品牌如何破局蜕变

近年来，"舌尖上的中国""锋味"等美食栏目百花齐放，饮食作为文化现象，充分反映了人们随着收入和生活水平的提高，对饮食的追求也呈现出向上发展的趋势。从求一餐温饱，到寻一道美味，再到养生健康，填饱肚子不再只是生理上的需求，已经成为一种生活态度的代名词。不断升级的饮食消费，无论是对于新兴品牌还是对于知名老店来说，都是一次挑战。想要不被局势所围，只有寻求破局蜕变之法。

2.1 行业现状：战略定位不精准是餐饮品牌主要问题

近几年，众多老牌餐饮企业、网红餐饮品牌纷纷发展停滞甚至倒闭，上海经营了十余年的"千秋膳房"、高端餐饮曾经的头部企业"湘鄂情"、网红品牌"一笼小确幸"等都在其列。很多餐饮从业者都在反思，是不是餐饮行业的寒冬真的来了。但在这场倒闭潮流中，仍然有很多品牌找到了自己的天地，迅猛发展，"喜茶""巴奴毛肚火锅""乐凯撒比萨"比比皆是。所以，并不是寒冬来了，而是品牌自身的问题没有得到正视和解决。

在提供咨询服务的过程中，我经常会发现餐饮企业面临的各种各样的问题。有的企业发展停滞，既定的经营计划不能顺利地推行；有的企业利润下降，留不住食客；有的企业产品单一，缺乏吸引消费者的核心竞争力。而我们的工作就是帮助这些企业解决问题，在接触了越来越多的餐饮企业之后，我发现其实这些具体的问题，最终都会归结于一个普遍存在的问题，就是企业的经营战略定位失准。如果在消费者心智中没有一个消费的理由，那企业发展都是空谈。

关于经营战略，新兴品牌和知名老店面对的问题也有所不同。新兴品牌往往是因为对市场和消费者的特点拿捏不准确，造成的战略定位失准；而老店一般是由于因以往的辉煌故步自封，导致经营刻板、战略滞后。

比如我们曾经提供过咨询服务的面食餐饮品牌"笑风浓骨汤面"（见图2-1），这家2018年成立的餐饮企业在经历了初步扩张后，遭遇了发展瓶颈，业绩停滞不前。后来，其经营者在朋友的推荐下找到了我们做咨询。

通过我们的咨询团队对"笑风浓骨汤面"所在义乌市场的调研，发现市场上汤面的受欢迎程度要高于其他面食品类；同时在义乌地区，主营面食的餐饮企业的数量有很多，但缺乏头部品牌，大多都是中等水平；而消费者对于面条筋道、汤底醇厚的产品格外偏爱。综合义乌市场的这几个特点,以及现在餐饮市场上相对突出的面食品牌,诸如"味千拉面"等重视产业链、店铺与品牌形象的经营战略,我们为"笑风浓骨汤面"制定了主打高端汤面与浓骨汤面产品,去除菜单上其他多余品类的产品的专业高端发展路径,同时也针对品牌和市场的现状,为品牌设计了完善的战略建设过程,以及更匹配品牌定位的企业形象,包括LOGO、店铺服务人员制服、餐具包装等。

图 2-1　笑风浓骨汤面

对于新兴品牌的问题,我们可以通过市场和消费者调研,对其战略定位进行"拨乱反正",使其回到正确的轨道上。但这种方式却远远不足以解决一些老店的经营战略问题,相比新兴品牌,老店的问题更根深蒂固,它们需要一场彻底的"革命"。

在我国的传统美食中,港式美食以考究的制作和精致的口味独具一格,在我国内地地区也受到非常多消费者的欢迎。但从2014年开始,很多港式餐饮品牌开始走下坡路,其中不乏像"翠华""大家乐"等老字号餐饮品牌。而同样作为传统港式餐厅的"表叔茶餐厅"(见图2-2),本着趋利避害的意识,在危机波及自身之前提前向我们提出了服务要求。

经过对同类型产业的调研,我们发现,大多数传统品牌出现问题的根源在于,继承传统味道的同时,产品的打造也因此固化,很多产品在当前的市场已经不再被消费者所认可。同时,传统餐饮企业对于厨师的依赖导致了产品制作过程中有太多不可控因素,产品质量水平起伏不定。所以我们针对"表叔茶餐厅"的现有火爆产品,综合市场潮流元素,对产品进行了创新打造,推出了更适合商家和市场的新产品。除此之外,为了稳定产品质量,我们还为"表叔茶餐厅"量身定制了标准化的产品制作流程。在我们的帮助下,"表叔茶餐厅"不仅顺利地度过了危机,还实现了品牌的继续发展。

图 2-2　表叔茶餐厅

传统的味道难能可贵,这些老字号餐饮品牌的坚守,让我们可以在现代社会中,能品味到传统的烟火气与人情味。我们不能让过去制约传统餐饮品牌的问题继续制约它们的发展,过去解决不了的问题,我们可以利用现代化的管理方式和标准化的经营系统来解决,让传统的味道在科学指导下得到更好的推广和宣传。

餐饮企业作为服务行业的一分子，当它出现战略定位失准的问题时，最直观的表现就是顾客越来越少。而每一个人都或多或少有过饮食消费的经验，对消费者而言，一家餐厅的经营问题其实是他们不了解或者不关心的，有多少人在去餐厅吃饭时会问服务人员，你们的店每个月盈利多少？我们在意的只是它提供的产品和服务是否能满足我们的需求。而这也恰好是很多餐饮企业在制定发展战略时经常遗漏的关键问题，在我们提供咨询服务的餐饮企业之中，大多数企业咨询的问题是如何扩张和经营，但其实很多企业的战略定位问题是出在产品和体验无法满足客户需求上。

菜品是一个餐饮企业立足的根本，再科学的经营战略、再优越的地理位置、再知名的品牌，如果产品或是品类不能解决消费者需求的话，那一切都是纸上谈兵。要知道市场缺什么、要什么，不要"自嗨"。

2.2 餐饮细化：不断细分的消费需求和场景

作为品牌咨询公司，我们也需要对饮食消费市场保持持续的高度关注。根据这些年餐饮咨询工作的经验和一些网站上的数据，我发现现在餐饮行业正在逐渐走向专业化。比如，以前我们在早餐店可以吃到很多不同的食物，小笼包、馄饨、豆腐脑、面条等，但现在越来越多的早餐店开始走专营的路线，有的店只卖豆浆和油条，有的店只卖包子，有的店只卖煎饼。虽然这是无可厚非的变化，但也在一定程度上说明了消费者对于饮食消费的需求越来越精细化和多样化。

过去，人们有钱都在家里藏着或在银行里存着，现在你发现人们觉悟了，消费水平也就水涨船高了。单纯吃饱已经不足以满足人们的欲望，大家还想吃得美味、吃得健康、吃得方便，还要吃得有仪式感。

1. 味道需求

在平时的饮食中,大多数人都会有喜欢的菜品或者口味,有的人无肉不欢,有的人爱吃酸辣,这其实就是人们对于饮食的味道需求。

不同的人喜好的程度也不一样,对大部分人来说,对于味道的需求还停留在偏好的层次,也就是说并不是硬性的需求。遇到喜欢的菜可以多吃几口,但没有也不影响就餐。但是也有一部分人,对于美食的热爱已经上升到信仰的程度,对他们而言,食物的味道是强烈的需求。

出于对这种味道需求程度差异的考虑,在餐饮企业中也出现两种不同的发展模式,一种是面向大众的,我称为"大众餐饮",另一种主打特色和品质的,我称为"小众餐饮"。大众餐饮旨在打造口味齐全、种类多样的场景以满足更多人的需求;而小众餐饮更重视将味道发挥到极致,用专业化和有强体验感的场景吸引特定人群。

2. 健康需求

网络上有很多调侃"90后"年轻人养生的段子,比如所谓的"朋克养生法",熬着夜喝泡了枸杞的水,吃着夜宵泡着脚,意思是说一边做着有害健康的事,一边用养生的方法弥补。其实很多人都明白,这种养生方法并不科学,效用也仅限于心理安慰。虽然只是一种调侃,但也在一定程度上说明了现在年轻人对于健康的看重。人们追求健康的形式除了养生,还有其他,其中也包括健康的饮食习惯。在贫困时期,肉类食品是人们梦寐以求的美味,但现在,人们更讲究荤素搭配;食物曾经是口腹之欲的代名词,但现在人们为了健康在味道前面加上了"少油少盐"的限定。

有人说,人类所能犯的最大的错误就是拿健康来换取其他身外之物!不巧的是,这正是我们大多数人现在正在做的事。我们可以认为养生是中年人和老年人的专利，但健康对于每个年龄段的人来说都是宝贵的财富。

3. 快捷需求

最近几年，我发现我自己以及我身边的人，每天总是在忙忙碌碌。大家宁愿将很多空闲的时间花在那个小小的 4~6 英寸的屏幕上，也不愿将哪怕 30 分钟花在寂寞的厨房中那些寂寞的锅碗瓢盆上。于是，我们开始追求"快餐式"的生活。现代人的生活和工作节奏注定大多数人没有时间和精力自己烹饪或外出就餐，所以品类多样、方便快捷的快餐应运而生。而随着智能设备的普及和网络购物服务的发展，在快餐的基础上又出现了更便捷的餐饮形式——外卖。消费者通过网络平台或电话订购食物，然后由外卖配送人员打包送到消费者手中。快餐省略了烹饪的过程，而外卖在快餐的基础上连消费者购买的路程也省略了，简直是"宅"人的福音。

其实无论是快餐还是外卖，从根本上都是以快捷、便利的特点来吸引消费者。但消费者的快捷需求通常与其他需求交织在一起发挥作用，比如，消费者在选择快餐或者外卖的时候还会兼顾味道、价格，以及卫生状况。所以，虽然快餐和外卖的主要竞争力是快捷，但在越来越多的店面竞争中，想要赢得更多消费者的青睐，需要在快捷之外满足消费者其他的多样化需求。快餐和外卖这种餐饮形式展示的应该是一种既方便又不失水准的消费环境，店面可以小，但一定要保证卫生；制作可以迅速，但一定要保证质量。

4. 环境需求

虽然在这个快餐、外卖"满天飞"的时代，我们外出就餐的机会越来越少，但如果人们选择外出就餐，说明其对于这次就餐活动有着较高的重视程度。就如同过去，人们在大多数时间里都会选择自己炒菜做饭，只有在发生比较重要的事情的时候才会选择"下馆子"。

外卖食品可以带来和实体店中同样的味道，但也有一些东西是外卖所不具备的，比如体验。吃饭在某种程度上是一种社会行为，尤其是多人一起就餐的时候。所以，很多时候吃饭是带有目的性的。比如，情侣为了增进感情，朋友为了联络感情，为了达成这种目的，就餐的环境和餐桌上的氛围起到辅助作用。除此之外，现在越来越多的网红店铺的走红也说明，人们现在对于餐馆的要求已经不再只停留在食物味道、服务水平这些基本元素上，一些特色鲜明、风格独特的店面设计也是吸引消费者的重要指标。

所以，对于一些以实体经营为主的餐饮企业来说，除了在菜品和服务上下功夫以外，还要打造一个独具风格的就餐环境，吸引更多的消费者。

不仅消费需求发生了变化，人们的消费场景也发生了改变。

首先，从时间场景上来看，受生活习惯的影响，人们的消费场景在传统早、中、晚三餐的基础上又增加了下午茶及夜宵。

其次，从就餐场景上看，近几年，汽车主题、动漫主题、教师主题等各种主题餐厅层出不穷，这些形式新颖、富于创意的餐厅一经推出便成功吸引了许多年轻消费者的眼球。毫无疑问，消费场景化正在以一股强劲的势头攻占和渗透着整个餐饮领域。

互联网给了人们更多的消费选择，在单纯凭借产品本身很难吸引消费者目光的今天，越来越多的品牌开始将目光放到就餐场景的打造上——将品牌价值观和情感元素等融入特定场景中，创造出一个可以烘托某件菜品或整个品牌的氛围，以此来刺激人们的消费欲望。

时代在变，人们的消费需求和形式都在变化，餐饮企业要想生存和发展，就必须学会与时俱进，借助大数据去探索和洞察目标消费群体出行、生活的场景轨迹，了解并满足其实际需求和痛点，以此来保证为消费者提供最佳的消费体验，提升品牌影响力。

2.3 消费转型:餐饮消费者的全新"打开方式"

"得民心者得天下",在企业经营中也是如此,得顾客者得市场。在和一些餐饮企业经营者交流时,我经常会问他们一个问题:"对于一家餐饮企业来说,什么是最重要的?"大多数人回答的是产品、服务、地理位置、环境,甚至有人提到了服务人员的颜值。这些答案也都没错,这些确实都是重要的因素,但也都不全面,他们都忽略了这些因素最终的作用点,也忽略了餐饮企业是服务行业的本质。一个餐饮企业,不管它的硬实力和软实力多么强大,最终还是要创造或满足消费者需求。不管是大品牌还是小饭馆,受消费者欢迎的就是好餐饮。

为了能够更好地把握消费者的具体特征,我们经常会进行消费者调研。我发现以前的餐饮消费者最注重的是食物的味道,可在近几年的调研中,我们发现影响消费者选择餐厅的因素越来越多。我想现在的餐饮企业应该也会有同样的感受,餐饮消费者的"打开方式"越来越多样化。

1. 情调食客

现在年轻人中流行这样一句话,叫作"生活要有仪式感",即使是在街边小馆也要吃出小清新的感觉。这种生活方式是现在很多年轻人的真实写照。一段话深得年轻人的心:"生活不止眼前的苟且,还有诗和远方。"在大家的时间中能让自己自由利用的其实不多,而就餐时间恰好是其中一段时间。吃饭对我们而言不再只是填饱肚子或满足味蕾的简单行为,成为一种必不可少的生活调剂,所以吃饭除了有美味的食物以外,也需要仪式感。

"西步牛大"是一家我提供过咨询服务的兰州牛肉面馆(见图2-3),在兰州地区,人们把牛肉面称为牛大。在消费者的一般观念中,兰州牛肉面就是一款街边美食,物美价廉是它最为突出的标签。但"西步牛大"在创立之初,我们就确定了不同的发展途径，不再走薄利多销的路线，而是采用"餐品做减法，体验做加法"的战略。在产品上，使用空运原料尽可能保持正宗的原汁原味，同样的一碗面，面条的规格有八种不同的选择，并在透明厨房里进行现场操作演示，将一碗牛肉面做到了极致；而在装修方面，采用了清新淡雅的白色与原木色作为餐厅的主色调，辅以各种与品牌或产品相关的装饰画和插画，让消费者在享用美食的同时，也可以感受到文化的熏陶和乐趣。极致的产品和相辅相成的环境带来了独特的优质体验，所以，即使"西步牛大"的客单价达到60元/人的标准，依然受到挑剔的上海消费者的欢迎。

图 2-3　西步牛大

吃饭本身是一件充满幸福感的事情，但这种幸福感也需要外部的衬托。试想一下，你在吃饭的时候，身边有人大喊大叫，美味的食物带来的享受是不是会大打折扣？如果噪声换成美妙的音乐或安静的环境，就餐的感受又会是怎样？两者自然会有差距，甚至吸引来的客户群体也不大相同。

2. 轻食健康

之前我们在说餐饮行业消费需求的变化时也提到，现在很多年轻的"80后""90后"已经进入了养生的行列。我身边的很多年轻朋友，现在也都丢下了冷饮，转投到热水的怀抱；过去对美食来者不拒的人，也开始定时定量的进餐。总而言之，现在人们越来越"惜命"，对于健康饮食越来越重视。

提到健康饮食，就不得不提到轻食。轻食是对营养丰富、对人体负担较小的食物的统称，通常分量比较小，种类搭配也比较丰富，以蔬菜和水果为主，辅以适量高蛋白、低脂肪的食物，比如鸡胸肉、虾、鱼等。轻食一般是健身爱好者的主要食物，因为脂肪含量低，对于减脂和塑身都有一定帮助。但我不止一次听到我身边健身的朋友说，吃健身餐如同吃草一般。但也不是所有的轻食都是寡淡无味的，比如我们接下来要说的这家餐饮品牌。

《米其林指南》对于美食爱好者而言，是像《圣经》一样的感觉，对于从事品牌咨询的人来说，也具有指导性意义。我在2018年的《米其林上海指南》中，发现了一家在众多特色餐厅中都显得非常独特的餐饮企业，它叫"大蔬无界"（见图2-4）。为什么说它是最独特的呢？因为在所有的从一星至三星的餐厅中，只有它是纯素食的。虽然现在的素食馆着实不少，但能够评得上米其林星级的是凤毛麟角。而米其林能够给一个全素食的餐厅评级为一星，也说明健康轻食越来越受到消费者的追捧。"大蔬无界"的健康轻食种类多样，而且提供定制服务，有不同健康需求的消费者可以自由地选择轻食的种类。

图 2-4 大蔬无界

在追求健康这条路上，越来越多的人开始付诸行动，即使是没有行动的人，在思想上也在不断地受到资讯的熏陶，在潮流的引导下，也终将走到这条路上。健康饮食，在未来应该是不可逆的趋势。

3. 爱晒分享

人的社交需要是与生俱来的，这是我们不可抗拒的本能，因为人几乎不可能在不与其他人发生交集的情况下生存（除非你像鲁滨孙一样，自己拥有一片独立的不受外人打扰的土地，拥有狩猎、种植、医疗等全项生存技能，才有可能实现。顺便提一句，鲁滨孙的独立生存最终也被打破，他为了社交还教会了土著人说英语，当然这都是题外话）。我们的社交需求体现在生活中的方方面面，现今占据较大比例的应该是网络社交行为。网络聊天、朋友圈分享、微博晒图等形式，消除了社交的地域壁垒，放大了社交的分享属性。尤其是在智能设备基本普及之后，网络晒图、分享变得越来越频繁。在我个人的朋友圈中，好友的饮食分享占很大比例。我相信，很多人的朋友圈也是如此。

我们在生活中经常会看到，尤其是年轻的女性，喜欢在用餐前拍下食品或餐厅的照片再分享到自己的朋友圈或微博上，其实这也是生活中的一种"仪式感"。虽然只是简单的几张照片、几句话，但这些代表的是一个人的生活态度和个人观点，当然有的时候也单纯是为了显示自己的优越性。对于餐饮企业来说，我们应该对这种行为喜闻乐见。因为，这些分享在某种程度上可以等同于消费者自发地在网络上宣传，对于提高企业的知名度和影响力有着直接的推动作用。

4. 便捷省时

除了以上三种类型以外，还有一种餐饮消费者的类型是便捷省时型，这种类型的消费者在前面的快捷消费需求中已经进行了描述和分析，所以不再赘述。

2.4　推陈出新：四大创新引领变革

我相信在 10 年前，没有人能想到网络会在我们的生活中扮演如此重要的角色，没有人能想象智能设备的普及会如此迅速，也没有人能想到人工智能会从电影走到现实生活中。如果要给现在的时代做一个概括的话，我觉得从进入 21 世纪开始至今的代名词就是——变革，各行业、全方位的变革。这种变革在我们的生活当中其实有很多表现，社交方式的变化、购物习惯的变化、获取资讯渠道的变化等，其中也包括我们前面提到的餐饮消费和消费者的新变化。

我们正在享受着变化带给我们的更加便利、更加智能化、更丰富多彩的生活，同时，作为餐饮企业的经营者，我们又不得不面对餐饮消费和消费者的变化对企业产生的新挑战。我相信很多餐饮企业经营者有这个觉悟，也有勇气去面对挑战，但问题的关键不在于你的底气有多足，而在于你是否能找到正确的方法赢得挑战。

无论是在哪个行业，能够成功的往往都是走在时代前列的人，比如我国网络购物平台的先行者——阿里巴巴；个人电脑软件服务和程序开发的先驱者——微软；国内网络游戏开发运营的开路者——网易等。而跟不上时代潮流的人或事物，即使曾经辉煌过，最终也将被淘汰，成为历史中的曾经，比如高铁取代内燃机车成为主要的列车形式；智能手机取代功能手机成为主流产品等。所以，餐饮企业要应对时代的变化，赢得剧变带来的挑战，就必须要以创新引领变革，追赶乃至超过时代的要求。"落后就要挨打"，我觉得说的一点错没有。

对于现在的餐饮企业而言，当务之急就是求新求变，找到自己的创新之路，成为引领甚至创造新消费潮流的人。因为只有这样，餐饮企业才能在变化日益频繁、竞争愈发激烈的当下和未来，实现长远的发展。但关键的问题是，现在大多数餐饮企业还没有找到有效的创新路径，尤其是中小餐饮企业，大多还停留在照搬他人先进经验的水平。那作为餐饮企业而言，应该怎样进行创新呢？

以我们从事餐饮咨询工作的经验来看，餐饮企业在经营的过程中有四个需要注意的重要因素，分别是品牌、产品、渠道和营销。根据我们多年来为300多家餐饮店铺提供咨询的经验，我们总结了一套独特的极十咨询公司模型（见图2-5），分别从品牌、产品、渠道和营销四个维度对商家进行整体评估，从而探寻品牌战略定位以及运营落地的有效方法。随着不断地应用，这个模型也在不断完善，我发现它不仅适合用来作为餐饮企业咨询的一个模板，也同样适用于企业创新发展的分析。接下来我们就这四个维度，对餐饮企业的创新一一进行系统地介绍。

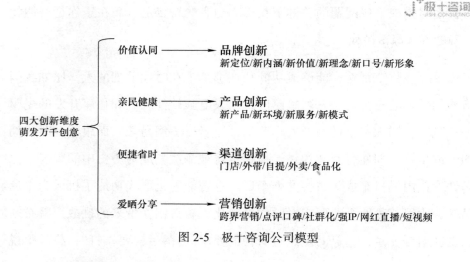

图 2-5　极十咨询公司模型

1. 品牌创新

品牌是企业重要的财富，也是核心的利润来源，无论是对何种类型的企业来说都是如此。而餐饮的品牌也不止表面那么简单，它还代表着饮食背后的价值，包括就餐环境、情调甚至食物背后的那一份情怀。

如果问现在白酒市场上哪个品牌的酒最受消费者青睐,我相信答案一定是五花八门的。但如果说哪个品牌的白酒最受年轻人喜爱的话,我相信大多数人会选择"江小白"。甚至我身边不喝酒的朋友,也都知道一边有着文艺风情、调侃生活,一边清酒入喉的"江小白"。

在我们的传统意识中,白酒和年轻人是不存在很多交集的。很多在酒文化中浸染多年的酒客认为年轻人阅历尚浅,体会不到白酒辛辣味道中的那种沧桑和历史感。而大多数年轻人也认为白酒口味太冲,不如其他酒精类饮料利口。但"江小白"却认为"不是年轻人不懂白酒文化,而是白酒不懂年轻人"(见图2-6)。在这样的创新理念的推动下,"江小白"对原料、制酒工艺,以及蒸馏技术进行了创新,开发出更柔和、更利口的年轻化白酒。

同时,"江小白"将自身品牌形象打造成一个文艺青年的形象,简单、直接、自我,这与传统白酒那种由生活积淀形成的睿智形象几乎是背道而驰的。但也正是这种品牌战略,让年轻人愿意接受这种纯粹的白酒,不仅是从产品角度,也是从心理层面。"我是江小白,生活很简单"这句口号,直白地表达了年轻人对于生活的情怀。"江小白"品牌售卖的不只是白酒,还有那一口酒背后的文化与情感。

图2-6 江小白酿造生产工厂江记酒庄

一家餐饮企业,想要从竞争中脱颖而出,或于没落中复兴,首先要做的是进行品牌的创新,发现适应潮流的品牌发展战略。利用这个战略指导企业的产品开发、文化建设、经营销售等各个环节,为企业的发展指明道路。

2. 产品创新

我一直在强调餐饮企业的本质是服务类行业,为什么?就是为了提醒餐饮企业的经营者不要忘记盈利的关键在于消费者。品牌的创新可以为企业的发展指明道路和方向,在那之后我们要做的就是吸引并留住消费者。我们之前也讲到,消费者对于饮食的需求不断细化和多样化,所以餐饮企业的产品创新也是刻不容缓的课题。

我国自古就有饮茶的传统,茶文化更是源远流长,我身边有一个草本茶饮的餐饮企业"彦悦山"(见图2-7)。茶的种类有很多种,传统茶养生、健康,是很多老年人每日必备的饮品;而新式的果茶、奶茶等,清甜可口,很对年轻人的口味;还有很多以中草药为主要原料的草本功能饮品也归于茶饮一类。随着人们对健康重视程度的提高,不利于健康的冰冷果茶、热量极高的奶茶等消费都在逐渐减少。年轻人也开始逐渐放弃饮料并投向养生茶类饮料的怀抱。但现在的市场大多数的茶类饮品都是以饮料为主、茶为辅,对于养生和健康没有什么效果,而自己买一些有养生作用的草本植物来泡,在剂量、味道上又难以控制和保证,由此"彦悦山"应运而生。

"彦悦山"是我国传统老字号药企"同仁堂"与某知名餐饮企业合作打造的茶饮品牌,一开始对自己产品的定位是草本功能饮品。但在实际操作中它发现,传统的草本饮品对于年轻消费者来说还是有些不能接受,年轻人总在想味道是否会很奇怪。通过对品牌和产品的梳理,创始团队调整为更时尚、更容易传播的产品形式。同时在茶饮以外,还开发了以草本产品为基础的汤、粉、膏等多种不同的零售产品,扩大消费者可选择的范围。在产品外观上也采用了不同于传统草本饮品的包装,更加的新潮、时尚,与大众果茶或者咖啡饮品做出了强差异化，甚至因为产品足够创新，后续也考虑在机场开店，以零售形态服务更多的消费者。

图 2-7　彦悦山

通过这种全方位的产品创新与开发，"彦悦山"俘获了一大批年轻用户，在两年多的时间内扩张了自己的分店，一度达到月营业额 20 万元的成绩。

餐饮是服务类行业，企业能否盈利的根本因素就在于产品是否能抓住消费者的心，而想要抓住消费者的心，就需要有不断创新变化的产品来满足不断变化的消费者的需求。

3. 渠道创新

在讲到渠道创新之前，我先提出一个问题，大家多久吃一次外卖，又多久外出就餐一次？答案的具体数字不好推测，但大多数人应该是外卖的频率远远高于外出就餐的频率。根据我这些年对于餐饮行业的观察，我发现对于传统以堂食为主的餐饮企业而言，最大的外在竞争就是外卖。外卖让消费者足不出户就能够吃到餐馆里的食物，不需要长途跋涉去店里，也不用排队等候，更不用在人挤人的大堂里听着鼎沸的人声下饭。面对如此便利的条件，消费者为什么还要去店里消费呢？

对于这样的挑战，首先我们要明确外卖只是餐饮销售的一种渠道，我们还有很多其他的渠道，诸如堂食、外带、零售、自提等很多不同的渠道可以利用。其次，既然外卖是不可逆的潮流，我们为什么不加入潮流的行列？最后，我们要综合运用所有的渠道，这样才能实现利润的最大化。

K11商场餐饮区由于规划出现问题，导致分区混乱、客流稀少，2016年它向我们提出咨询需求。经过我们重新规划之后，K11商场餐饮区的店铺经营状况得到了长足改善，随着人流的增多，租金也得到了成倍的增长。而在这个区域的所有店铺中，"彼得家厨房"的进步最为突出（见图2-8），曾日销量最高达到十余万元。作为一家致力于打造高级牛排食用体验的店铺，曾经它只是一家卖牛肉和调味料的店铺，而随着消费的升级，我们设计在卖高端肉类的同时，用多渠道、体验式的商业模式促进消费者以更亲民的价格品尝牛排，用质量吸引消费者。从传统堂食的一种销售渠道扩充至外带、零售、电商、外卖等多种渠道。

通过这种渠道创新，"彼得家厨房"在上海取得10万人以上的会员数量，为其接下来的发展打下了扎实的基础。同时也为K11商场带来了巨大的人流曝光，成为当年度餐饮新零售的优秀案例，也引起了我国众多商业地产的学习。

图2-8　K11的彼得家厨房

4. 营销创新

在讲到营销创新之前，我们可以先回顾不同时代营销的主要方式和特点。在纸质媒体盛行的时代，企业的营销宣传主要以口碑营销和报纸、杂志等纸质材料上的广告为主；而随着科学技术的进步，新媒体时代的到来，企业的营销又加入了许多新媒体的元素，包括广播、电视等都被用作企业宣传的载体；而在网络时代，网络营销成为主流。我们发现，营销是一个与时俱进的学科，是不断跟随时代的脚步进行创新的。那么餐饮企业是不是也应该因势利导，对自己的营销方式进行创新呢？答案当然是肯定的。

餐饮企业获取更多收益的主要方式是吸引更多的消费者，以往餐饮企业之间的竞争都是区域性的，但现在人们对于饮食的追求越来越高，获取信息的渠道越来越广，竞争的区域越来越大，参与竞争的企业也越来越多。在这种越发激烈的竞争中，企业的营销如果依旧采用过去的传统营销方式的话，还是只能够吸引以传统渠道接收信息的消费者，但现在这类消费者在整个消费者群体中占据的比例可以说是九牛一毛，所以企业的营销必须进行创新。

现在很多人都喜欢在社交网络平台上分享自己的生活，饮食分享在其中占据很大的比例。有人说自己从来不发图文信息到自己的朋友圈，但只要这个人开通了朋友圈功能，就一定会发现其他人的分享，其中一定有关于饮食的分享。除此之外，也有很多有共同美食爱好的人们自发在社交媒体上组成了团体，进行与美食相关的交流。这些分享方式的存在，为餐饮企业的社群营销提供了基本的条件；外卖和团购软件都会有一个评价机制，消费者可以在外卖或者团购软件的平台上评价收到的菜品，而这些评价对于其他消费者来说通常是参考信息，所以，口碑营销也是必不可少的；而近两年在直播和短视频社交平台的发展中，通过直播、短视频而火爆起来的餐饮企业和特色美食不在少数，比如因为扯面舞表演视频而走红的扯面。因此，短视频宣传和网红代言或直播广告也是企业营销创新可以选择的途径。

近年来比较流行的吃播最早起源于韩国，2015年，韩国掀起了第一波吃播热潮，美女或者壮汉有偿向人们展示吃饭。随后，吃播热开始传到日本，并且很快在日本掀起一股新的热潮，大家知道，日本一直有大胃王挑战赛，而吃播的到来恰到好处地将这种围观别人享用食品的形式由线下转到线上。

事实上，日本的"吃播文化"早有体现，早在2009年，日本就曾推出如《深夜食堂》这样的一系列以美食为主题的影视剧，《深夜食堂》凭借舒缓随意的节奏，以及对经典美食的剖析，吸引了一大批观众，即使是在我国，该剧也有着较为广泛的群众基础，豆瓣评分高达9.2。

之后，吃播文化在我国开始蔓延开来，我国自己的《深夜食堂》也由此问世。在2018年以后，伴随着短视频平台的兴起，吃播更是开始呈现出多样化发展，从直播到视频日记，越来越多的网红餐饮店、网红美食由此应运而生。

除了这些途径以外，还有很多其他的有效创新方式，企业要通过衡量自身的具体状况，综合创新的作用，审慎地进行选择。

第 3 章

品牌创新：建立品牌的目的是溢价，不是低价

关于品牌的定义，有的人说品牌是一个符号，用来区别不同企业的产品；有的人说品牌代表了企业形象，因为形象好才能吸引顾客……"让我住进你的心里"就是品牌的最高境界。企业的竞争是一场没有硝烟的战争，优胜劣汰的法则不只适用于生物进化，也同样适用于商场。只有创新，才能保证品牌在不断变化的市场中保持活力与竞争力，甚至成为主导潮流的品牌。

3.1　重心转换：什么才是目前餐饮企业的主要竞争力

在我接触过的餐饮咨询案例中，很多经营者都是从产品的角度对我们提出咨询服务的要求，例如，如何开发新的产品、如何进行产品的推广等。出现这种情况的原因是大多数的餐饮企业经营者都认为餐饮企业的主要竞争力在产品，只要饭菜做得能吸引顾客、能留住消费者就可以经营好一个品牌。但事实真的如此吗？

我们之前曾经做过一个测试，我们找了三种同样类型的饮品，可口可乐、百事可乐及名不见经传的崂山可乐。然后将10个人蒙上眼睛，让他们品尝三种饮品测试口味，最终得出的结果是崂山可乐排在第一位，百事可乐排第二位，可口可乐排第三位。然后我们重新打乱了三种可乐的顺序再一次进行测试，这次我们让受测人摘下了蒙眼布。最后得到的明测的结果和之前盲测的结果截然不同，可口可乐成为口味第一名、百事可乐是口味第二名、崂山可乐是口味最后一名（见图3-1）。

图3-1　可乐口感实验结果

为什么同样的三种产品，盲测和明测的结果会存在差异呢？我认为是品牌的导向力在起作用。这三款产品同样是可乐，对于普通人来说味道、口感的差异不会太大，但是当人们摘下蒙眼布看到面前产品的时候，可口可乐、百事可乐的品牌影响力会让他们觉得这两款可乐比崂山可乐更吸引人。就好像很多咖啡店的老板说"星巴克"的咖啡不如自己店的好喝，但"星巴克"依旧火爆，而他自己的产品还是卖不出去一样，产品在餐饮消费中已经不再是吸引消费者的绝对因素，餐饮行业的竞争已经从产品过渡到品牌，这也是我一直强调品牌创新的原因。

很多人说餐饮是一个死亡率很高的行业，为什么每天都有那么多餐厅关门？我认为一个主要原因就是企业没有掌握好竞争的重心，让自己陷入了"竞争漩涡"。事实上，不仅餐饮行业，我相信很多行业的经营者都曾陷入"竞争漩涡"之中（见图3-2）。

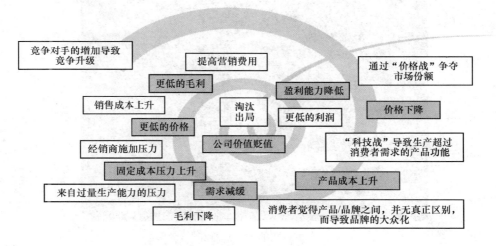

图 3-2　竞争漩涡

可能有人会问我，企业应该采取怎样的方法才能摆脱"竞争旋涡"呢？答案就是品牌！对于餐饮企业而言，一定要明确品牌竞争才是目前餐饮企业的主要竞争力。下面我们就一起来简单了解如何让餐厅从产品竞争转化为品牌竞争。

1. 给予产品更鲜明的品牌色彩

餐饮企业从产品竞争转变为品牌竞争是一个循序渐进的过程，不可能马上从产品竞争中抽离出来，然后投身于品牌建设。在这个过程中，我们可以通过提高产品和品牌之间的联系，在产品竞争的同时不断提升品牌的重要性，直到品牌的影响力超过产品。

"羲和雅苑"是一个新兴的餐饮品牌,在10年的时间里,在中国开设了将近50家门店,也曾经创下过单日31万元的销售纪录。在"羲和雅苑"旗下,有诸多特色子品牌,比如主打烤鸭的"羲和雅苑"烤鸭坊、小而精的"羲和小馆"、年轻时尚的"羲和三里"、水乡风情的"in羲和"等(见图3-3~图3-6)。

图3-3　主打烤鸭的"羲和雅苑"烤鸭坊

图3-4　小而精的"羲和小馆"

图 3-5　年轻时尚的"羲和三里"

图 3-6　水乡风情的"in 羲和"

但据我所知,"羲和雅苑"最早是专注做烤鸭的餐饮品牌,最初也是凭借保留传统又独具一格的北京烤鸭产品,在与知名老字号烤鸭品牌的竞争中胜出,但"羲和雅苑"真正赢得市场竞争、步入辉煌却是在选择进行多元化品牌经营之后。在保留核心烤鸭产品的基础上,"羲和雅苑"的每一个子品牌都有自己主打的特色和产品,虽然子品牌不同,但所有的元素都被打上了"羲和"的标签,所有"羲和雅苑"的产品无一例外都带着"羲和"的字样。就这样,"羲和"一步步地打响了自己的品牌知名度,国贸商场也力邀其入驻。

我知道现在很多餐饮企业，稍微有些年头、有些规模的品牌都是从产品竞争的大浪淘沙中存活下来的，但是时代在变化，消费在升级，人们购买一支2元钱的笔尚且会优先选择晨光、得力等品牌商品，何况是与生活健康息息相关的餐饮。但直接从产品竞争转移到品牌竞争，对于很多传统餐饮企业而言不是易事，所以我们可以先在产品竞争的过程中，逐渐地加入品牌的元素，持续地在不同产品中传达信任，让消费者消费某类产品的同时一下就能想到我们的品牌。这样，餐饮企业的品牌影响力就能够逐渐超过产品，产品竞争也就成功转化为品牌竞争。

2. 全方位品牌曝光

从产品竞争转化为品牌竞争，在我看来就是把消费者的注意力从产品转移到品牌上。很多人不理解，认为竞争是企业间发生的事情，跟消费者有什么关系。我之所以这么说，是因为餐饮企业间的竞争归根结底是为了争夺消费者，所谓的竞争也是消费者在对比衡量做出选择的时候才会发生，所以当消费者的注意力从产品转移到品牌上的时候，他们对比两家餐饮企业时首先考虑的也会是品牌，那企业之间的竞争也就自然而然地成为品牌竞争。

在年轻人丰富多彩的夜生活中，酒吧是一个相对集中的选项，美酒、音乐可以说是对白天沉重的生活最好的调剂。在众多的酒吧品牌中，有一个给我留下了深刻的印象，它主打文艺风格及红酒产品但兼营川菜和有现场音乐，它就是"胡桃里"。

"胡桃里"是合纵文化集团旗下的餐饮品牌，合纵文化也邀请我们为其梳理过集团旗下品牌的发展路径（见图3-7）。

图 3-7　合纵文化整体品牌矩阵图

2018 年,"胡桃里"作为一家餐饮品牌,一共赞助、参与或主办了 113 场活动,包括时尚展会、网络综艺、音乐创作、公益活动、文学作品发布会、高铁求婚专列等,在各个领域留下了自己品牌的足迹(见图 3-8)。再加上爱分享的年轻用户群体的推波助澜,"胡桃里"品牌的影响力得到了极大扩张,文艺青年的人格定位也成功深入人心,和其他主打音乐酒馆的餐饮品牌相比,"胡桃里"在同质竞争中已经成功迈出了差异化的第一步,在品牌竞争中占据了主动。

图 3-8　胡桃里全方位品牌曝光图

全方位提高品牌的曝光度，可以大大提高餐饮企业的品牌影响力，消费者的注意力会从企业的某个单品转移到整个品牌上来，品牌也就成为竞争的中心，实现了从产品竞争转化为品牌竞争的目的。

不可否认，对于餐饮行业来说，产品始终是第一位的，没有好的产品，一切经营策略都只是空中楼阁，经不起市场的考验。但是，在市场竞争压力不断增大的今天，"酒香"也怕"巷子深"，光有好的产品不一定能够支撑一个品牌很好地走下去，一定要建立相应的品牌意识，给予产品更鲜明的品牌色彩并努力尝试全方位品牌曝光，以更好地提升品牌影响力。品牌竞争时代已经到来，不懂品牌创新，只能坐以待毙！

3.2　创新路径：分析市场火爆品牌的发展路径

现在的餐饮市场，用"群雄逐鹿"四个字来形容一点都不为过。无论是百年老字号的传统品牌，还是文艺小清新的新潮饮食，每天面对的都是瞬息万变的市场和消费者。过去一道名菜传三代，一幅牌匾养一族的时代已经离我们而去。如今，只有把握住市场和消费者的变化，及时做出创新的品牌，才是真正能立在风口浪尖的弄潮儿。

1. "餐"与"饮"的殊途同归：第三空间打造

说到茶饮，其实最近几年火爆的茶饮品牌有很多，比如"喜茶""奈雪的茶"等，无一例外都是新式茶饮。接下来介绍的也是一家创新的茶品牌。

"煮叶"，一个听上去就很回归本质的名字，在这个朴素但文艺的品牌下，有一颗传统而纯粹的匠心。它从前期准备到开店，耗费了两年多的时间，在这个浮躁的时代，这样的沉淀和稳重难能可贵。

不同于现在追求流行的新式茶饮,"煮叶"选择了一条恰好相反的道路——回归传统(见图3-9),原叶茶、花草茶、植物饮品是"煮叶"的特色。店面的设计也是邀请日本某著名设计师打造,极简、寡淡,但安静、平和。把茶店做成"茶中星巴克",这是"煮叶"为自己量身打造的品牌定位,用高品质的体验式饮茶为都市年轻一代提供关怀,舒缓压力。

图3-9 煮叶(北京颐堤港店)

随着近几年年轻一代主流消费群体年龄的逐渐增长,以及国家的大力推广,传统文化开始复苏,并回归到人们的生活当中。"煮叶"的成功,是因为它看到了潜藏在新式茶饮火爆市场下的传统回归趋势,并根据这种细微的变化进行了品牌创新,创造了一种截然不同的都市"第三空间"。

如果说茶代表了餐饮中"饮"的话,那我们接下来就来说一说"餐"。现在的餐饮企业都在追赶"小、快、灵"的风潮,小型店面、快捷出餐、灵活配送,是现在餐饮企业的主流形式,但也有逆流而上的品牌。

"乐凯撒比萨"本身是一家连锁休闲餐饮品牌,主打的产品是比萨、意面等西式餐点(见图3-10)。原本,"乐凯撒比萨"的店面也是偏向于简单直接,用个性化的产品吸引用户。但是从2017年开始,在开到100家分店之后,"乐凯撒比萨"做起了品牌创新,改变了以往在连锁休闲餐饮的定位中,餐饮占据主导地位的状况,通过打造主题餐厅的方式,提升了休闲的重要性,成为一个休闲与餐饮并重的品牌。比如,主打游戏和数字化体验的"趣玩馆"主题餐厅、主打文艺小清新的"瓶子"主题餐厅、主打幽默搞笑的"牛油果"主题餐厅等。消费者来到"乐凯撒比萨"已经不仅能够享用美食,同时还可以玩游戏、办聚会等活动。从榴莲比萨打天下,到轻休闲的体验式餐饮模式,这次品牌创新为"乐凯撒比萨"带来了更快的扩张速度。它从当初建立到开100家分店,用了7年的时间,而在品牌创新后的一年里,"乐凯撒比萨"扩大的分店数量超过了30家。

图 3-10 乐凯撒比萨

消费者追求餐饮消费的便捷和速度,是因为餐饮企业不具备吸引他们停住脚步的因素。确实,现在的人们每天都在忙忙碌碌,但越忙越需要休息。"乐凯撒比萨"的品牌创新,发现并迎合了消费者的隐藏需求,与其说它是"逆流而上",不如说它发现了未来餐饮行业的新走向,走在了潮流的前端。

虽然以上两个企业属于餐饮行业的不同分支,但它们的崛起或二次发展的路径却有相似之处,比如都不盲目追求市场流行,而是挖掘消费者的隐藏需求,从差异化入手,打造自身品牌特色,做市场潮流的引导者,从而走出一条自己的康庄大道。

2. 高溢价策略

除此之外,还有一点我们没有提到,"煮叶"的产品相对于同类的茶饮,价格稍高;而"乐凯撒比萨"的主题体验店比普通店的客单价也要稍高一些。为什么会出现这种情况呢?

在这里我们要引入一个概念——高溢价,所谓溢价就是指通过某种因素,使产品的价格超出本身具备的固定价值。讲到这里,我相信很多餐饮企业经营者会产生疑问,不是物美价廉的产品才更吸引用户吗?

其实不然,物美价廉的品牌固然能够得到消费者的青睐,但它在竞争中的优势也只是价格优势而已,随着竞争的加剧,通过低价格吸引来的用户,最终也会因为更低的价格而离去。而选择高溢价策略的企业,能够拥有更大的利润空间,能够拥有更多的资源和资金用于日后的产品创新和品牌创新,这样才能保证品牌具有持续性的活力(见图3-11)。

图3-11 利润天平

总之,提高附加值、打造品牌溢价也是餐饮企业品牌创新需要考虑的一个重要方向,对于如何提高品牌溢价,我们会在3.5节进行具体讲解。

所以,在未来的餐饮行业中,必须建立品牌价值、避开以薄利多销为主的单纯产品竞争是品牌创新的重要目标。现在还处在一个传统与新潮相互角力的时期，能不能抓住时机，积极创新，打破现有局面，在未来一鸣惊人，就看餐饮经营者的决断。

3.3 知己知彼：三维度品牌现状诊断

在给企业提供咨询服务时，我习惯先进行品牌现状的诊断，评估衡量其现在的状态。品牌实现差异化创新，一个重要的前提就是从消费者、自身，以及主要的对手三个维度对品牌做出综合的评估，我把这三个维度称为"极十定位三支柱"（见图3-12），评估完才能对症下药。

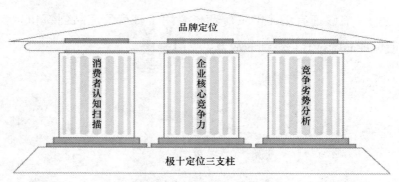

图3-12　极十定位三支柱

1. 第一维度：消费者认知扫描

对于一家餐饮企业来说，消费者是决定其生死存亡的因素。这不是我危言耸听，我相信有很多餐饮从业者都经历过因为一个差评导致产品销量、品牌形象下降的情况。而品牌创新也不可避免地要面对消费者的挑战，我们制造的品牌差异化，消费者能否买单，是衡量品牌创新是否能够取得成功的唯一标准。所以，在品牌现状诊断中，消费者认知扫描是一个非常重要的环节，因为我们要在其中找到消费者真正的痛点。

第 3 章
品牌创新：建立品牌的目的是溢价，不是低价

"壹虾局"作为一家新兴的小龙虾餐饮品牌，虽然其创始团队具备丰富的小龙虾餐饮经营经验，拥有完善的供应链和强大的产品开发能力，但由于在深圳市场上小龙虾餐饮已经形成了完整的产业形态，供需关系也基本趋向于饱和，很难找到破局的突破口，所以"壹虾局"选择和我们合作，寻求合理的发展战略。

我们通过对消费者认知扫描，发现虽然深圳地区的小龙虾餐馆数量非常多，但只有0.7%能够得到消费者的全面认可，换句话说，深圳的小龙虾餐饮企业基数大，但头部品牌匮乏。而且在消费者对餐厅的评价和评分中，经营者本以为消费者最在意的是口味或服务，但我们的数据分析师通过对市场上60多个竞争品牌、几千条数据的分析显示，卫生问题才是消费者诟病的主要来源。针对这一痛点，我们为"壹虾局"制定了主打卫生优质小龙虾消费体验的高端路线，在品牌定位上直接与其他门店划清界限，建立了一套小龙虾从清洗到上桌的干净标准，奠定了其发展为行业标杆的基础。

消费者认知扫描的重点在于发现消费者心智中的痛点，很多经营者总是把目光放到整个产品上，但通过对消费者的重新认识，了解到他们对某品类的实际痛点和需求才是最关键的，我们的品牌观如图 3-13 所示。

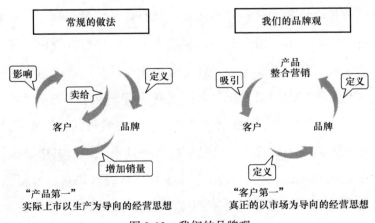

图 3-13　我们的品牌观

2. 第二维度：企业核心竞争力

每个企业都有自己的核心竞争力，所谓核心竞争力其实就是企业的主要特色和优势之所在。因为在品牌创新中我们需要扬长避短，发挥自己的主要优势，隐藏自己的劣势和缺点。所以做品牌现状诊断需要发现企业的核心竞争力，为创新打好基础。

以"巴奴毛肚火锅"为例，不同于其他火锅品牌的浓油重辣，且偏爱对健康不利的"老油"的特点，"巴奴毛肚火锅"的特色是清淡的菌汤锅，以及抛弃一切不利于健康的产品和工艺的制作方法。与此同时，它打破了传统火锅产品菜品丰富但特色不明显的局面，以健康的毛肚产品树立了新的火锅潮流。就像它的品牌代名词一样：产品主义。它的核心竞争力就是追本溯源的味道、独特的毛肚产品和健康的制作工艺。

发现一个餐饮企业的核心竞争力，首先要看它的特色和主打产品，因为任何餐饮企业都有自己擅长的领域，而这个领域往往是他们用来吸引消费者注意的重点，无论在菜单上还是宣传上都会占据很大的比例，通常是作为特色呈现在消费者面前。所以，根据一家店的主打推荐就可以很清楚地了解它的核心竞争力。

但做企业核心竞争力分析并不是发现核心竞争力就足够了，还需要对它的劣势进行一定的了解，因为在品牌创新中，我们要想方设法地避开这些我们不擅长的领域。所谓企业劣势，就是指企业在经营过程中所形成的一些对企业发展有制约作用的因素，比如生产设备落后、人才储备不足等。对于餐饮企业而言，要想明确自己的劣势就要学会进行自我诊断，主要从产品品质、环境及服务三方面入手，看看自己在哪些方面还有欠缺。其中，最为直接有效的方法就是用户反馈，我们可以适当地对顾客进行调研，分析顾客评价，以此来了解自己哪些方面做得并不到位。如果可以调整，要尽快加以改正，否则，就要尽可能绕开这些短板，寻找新的突破点。

3. 第三维度：竞争者劣势分析

影响餐饮品牌的外部因素除了消费者之外，其他的竞争者也是企业在品牌创新的过程中不得不考虑的。我前面也说过，品牌创新其实就是实现差异化经营，如果对对手的情况不够了解，怎么创造差异呢？

知己知彼，才能百战不殆。因此，在对品牌现状进行诊断时，我们一定要学会对市场竞争者进行认真分析，找到竞争者劣势所在，从而有针对性地制定竞争策略，做到避其锋芒，从其弱点入手，打开自己的市场。

伴随生活和工作节奏的不断加快，人们花在食物上的时间越来越有限，而快餐方便、快捷的特点恰到好处地满足了这部分消费群体的饮食需求，因而大受欢迎，越来越多的快餐品牌由此而兴起。但快餐往往更加注重制作的快捷性，由于受时间的限制，因此快餐在口味与营养方面往往有所欠缺，通常是消费者在特定条件下不得已的选择。

但也有品牌独辟蹊径克服了这些缺点，成为快餐品牌中的一匹黑马，例如，浙江老娘舅餐饮有限公司（简称"老娘舅"）（见图3-14）。该公司成立于2000年，其经营理念为"低热量、无公害、合理营养"，是一家中式快餐连锁公司。"老娘舅"快餐一开始便将自身品牌定位为做"暖心暖胃，营养丰富"的快餐，突破了传统快餐单纯追求速度、忽略营养搭配的禁锢。力图通过营养美味的食物以及温馨的就餐环境为消费者营造良好的就餐体验。

图 3-14　老娘舅

"老娘舅"产品主要以中式菜品为主,在烹调过程中,拒绝使用一切添加剂,在保证营养的同时,"老娘舅"也非常注重菜品口味,其所有菜品都经过严格的试制,在正式推出之前还会面向大众进行试吃,得到 95% 以上好评才能够正式推出。也正是因为如此,该品牌一经推出,便引来无数消费者青睐,并成功走过了 19 个年头。

"老娘舅"的成功正是因为抓住了其他主要竞争对手的劣势,进行了品牌差异化经营,让消费者眼前一亮,自然而然地被吸引。所以在品牌现状诊断中,分析竞争对手的劣势也非常重要,不但能够在竞争中掌握主动,也能够让我们在创新的时候更容易找到突破口。

综上所述,这三种维度的结合就是我们通常梳理品牌现状的诊断方法。

3.4　招牌引流:店名没起好,事倍功半

就像你点开一篇文章一样,如果标题不吸引人,即使内容再好看,有人

看吗？好店名是打造特色品牌的第一步，说到给店铺起名字，这里有一则关于"麦当劳"的消息。

2018年的时候，一则关于"麦当劳"营业执照变更名字的消息一时间引起了网友热议。"麦当劳"改名为"金拱门"？这样接地气的名字让很多顾客议论纷纷，微博和朋友圈里很多人都在和"麦当劳"告别，知道这个消息的"麦当劳"官方赶紧出来证明：我们还是"麦当劳"，只是营业执照的名字变更而已。

可见，店名如人名，不可谓不重要。古人云："名不正则言不顺，言不顺则事不成。""世间唯名实不可欺。"一个好的餐厅名字不仅可以反映餐厅的经营理念，同时还体现了产品特色、地域。好的店名会影响更多的顾客，那么，在给自己的餐饮店起名字时有什么特别的讲究吗（见图3-15）？

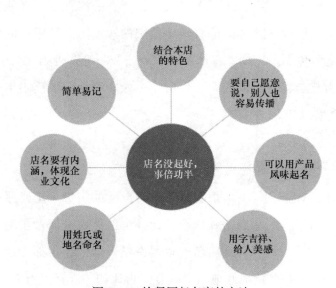

图3-15　给餐厅起名字的方法

我觉得这个问题因人而异，建议起名字这件事一定要有自己的主见，不要人云亦云。

1. 结合本店的特色

给自己的店起名字要注意的第一个问题就是店名一定要与自己经营的产品相吻合。这个名字必须是能够反映产品的特色和品质，让顾客能够一眼识别你卖的是什么，还能产生购买欲望。"有家酸菜鱼"，这个名字起得就十分符合产品特色。我们一眼看去就已经知道这家店主要做酸菜鱼。还有"新疆烤串店"，也是简单直接地展示自己的主营产品和地域特色。

2. 简单易记

在给自己的店起名字的时候要考虑简单易记的名字。想要吸引潜在顾客，那些复杂到顾客都不认识的名字，顾客不要说帮助你宣传，他们自己都不认识，心理上就会产生排斥。

所以，餐厅的名字一定要简单易记，让所有的潜在顾客都能十分轻易地看懂，同时也方便顾客将你的信息转达给别的顾客。简单明了的店名一般很容易在人群之中传播。比如"肯德基"、"麦当劳"等。否则就会引起副作用，例如，有的店起名喜欢用繁体字、生僻字，顾客不认识，读不出来，一般不会愿意进这类餐饮店。

3. 要自己愿意说，别人也容易传播

店名新颖，有新意，不落俗套，首先，自己的店员一定要愿意说，这样才能迅速吸引消费者的注意力和兴趣，让其也愿意说进而做主动传播。比如"天津狗不理包子"，顾客看到店名就觉得奇怪，这个连狗都不理的包子到底是什么样子。通过店名就很好地吸引顾客。再比如"肚子里有料"，从感官上就有一种不明觉厉的感觉，符合现下年轻人的性格偏好，再加上真实的产品带来的衬托，可以进一步让这个品牌和产品深入消费者的内心。

4. 店名要有内涵，体现企业文化

店名不仅要有内涵，还要和自己的产品或者企业文化相关。让顾客知道这个品牌具体是做什么的。

比如，经营中式包子的"甘其食"，其名出自《道德经》中的语句："甘其食、美其服、安其居、乐其俗"，既通俗易懂，又有文化内涵。当然起名不需要太过晦涩，否则就算暗示了，顾客也看不明白。这种玄之又玄的名字，顾客当然要放弃了解。

很多人大概都吃过"海底捞"，但是并不知道海底捞这个名字的由来。为什么张勇将火锅店命名为海底捞呢？这要从四川的一个休闲活动说起。很多人都知道四川人喜欢打麻将，在麻将的规矩里，最后一张和牌被称为"海底捞"。

据说，张勇有一次去北京，看见一个酒店叫"大三元"，这个酒店人流量特别大，外观看上去也非常上档次，于是张勇要将自己的火锅店起名为"三元会"，但是其他股东不同意，说这个名字不太像火锅店的名字。于是张勇又开始琢磨。

有一天，就在张勇琢磨火锅店名字的时候，正好赶上他的妻子在旁边打麻将，和了一把海底捞。张勇听到这个名字，突然喜形于色，拍桌叫好说："咱们的火锅店就叫'海底捞'"。

对于"海底捞"的成功，有的人说正因为"海底捞"的寓意是在毫无边际的大海里捞取宝藏，这个名字也可以看出来张勇作为老板的心胸宽广，野心很大。这个名字给他带来了好运。

5. 可以用产品风味起名

有些餐饮店铺会根据自己产品的风味特色起名。例如，供应老北京面食的"老北京炸酱面大王"就是用自己的产品风味来命名；供应正宗川菜的"金

山城重庆火锅城""功德林素菜馆"等，这些餐饮店的名字让顾客一目了然知道产品风味，方便顾客选择菜肴，节约顾客的时间。

6. 用姓氏或地名命名

自古以来，用姓氏或者地名取名早已有之，这些店名的特点就是突出老板的姓氏和位置。比如"谭家菜"、"烤肉季""姚记炒肝"。诸如此类的还有很多，对于这种取名方法，顾客可以第一时间分析出餐饮店经营的具体内容。

7. 用字吉祥、给人美感

可以选择一些结合中国传统吉祥意义的字样，用含有艺术、优雅的字，让你的店名拥有美感，比如金百万、吉祥馄饨等。不能只为吸引人注意而采用低俗、隐晦、令人产生反感的字样。

大千世界，芸芸众生。想让身边的顾客记住我们，一个有创意、不同凡响的名字能够带来十分突出的效果。好店名是打造特色餐饮品牌的第一步。

3.5 溢价策略：品牌获得高溢价的四个方法

在 3.2 节我也提到了现在品牌创新的方向是提高附加值，打造品牌溢价，很多人不理解这个品牌溢价的含义，简单来说就是在品牌效用的影响下，让企业的产品可以卖出远超原料价值的价格。那餐饮企业应该如何使品牌获得高溢价呢？在这里我总结了四个方法。

在讲解方法之前，我先引入两个模型，一个是品牌规模与品牌档次模型（见图 3-16），另一个是消费群体数量与忠诚度模型（见图 3-17）。

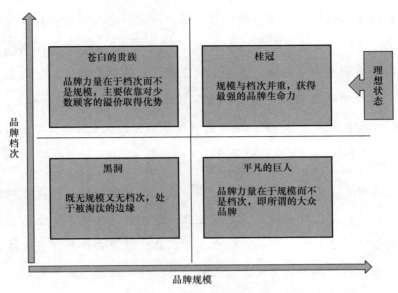

图 3-16　品牌规模与档次模型

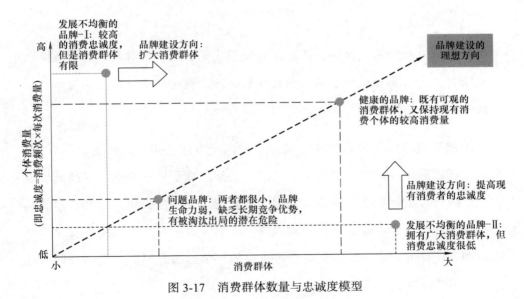

图 3-17　消费群体数量与忠诚度模型

在品牌规模与调性模型中，我们可以清楚地看到四种不同的企业类型，黑洞、苍白的贵族、平凡的巨人以及桂冠，它们的主要区别就在于品牌的规模和调性。

苍白的贵族强调的是品牌的调性，用少数消费者极高的溢价获得收益和品牌效应，如一些常见的奢侈品品牌，LV、"爱马仕"等，虽然没有规模，却有强大的市场影响力与高端消费群体精准度。与苍白的贵族相对的就是平凡的巨人，重视的是规模，走的是以量取胜的路线，如一些连锁的大众品牌，"周黑鸭""绝味鸭脖"等，虽然单品的溢价很低，但在庞大的销售量下，也能造成一定的品牌效应，收益也能保持较高的水平。

但这两种都不是最理想的品牌状态，我把品牌的规模和档次最理想的状态称为桂冠，意思是既有规模，又有档次，这也是现在很多其他类型的企业奋斗所想要达成的目标。例如，很多奢侈品品牌现在开始进行众多跨界营销做出一些亲民延伸品，想要扩大自己的市场份额；而像"周黑鸭"这种大众品牌也在不停地提高自身的品牌影响力，进行品牌设计和提升，为的是提高品牌的档次。

而与桂冠相对的是黑洞，是指既无规模又无档次，该种状态的企业是比较危险的，是消费者认知中不太会记住的品牌，也是处于被淘汰的边缘，这里就不再过多讲解。

由此我们可以得到品牌获得高溢价的两个方法：第一，扩大品牌规模，提高市场占有率，扩大溢价数量；第二，提高品牌调性和档次，提高单位溢价。这两种方法是从品牌的档次和规模的角度出发的，换句话说是从品牌的内部因素进行改变。除了内部因素以外，外部因素也对品牌的溢价有很重要的影响，在外部因素中，消费者是最重要的环节。因此还需要用消费群体数量与忠诚度模型来考虑。

在消费群体数量与忠诚度模型中，我提到了在现在餐饮企业中比较常见的两种发展不均衡的企业，一种是老顾客多、忠诚度高但整体消费群体数量偏低；另一种是消费群体基数大，但基本都是"一锤子买卖"，顾客的忠诚度较差。在这两种不均衡的情况下，品牌都无法获得高溢价，只能在存续与破产之间徘徊。

前者最具代表性的企业就是社区的各种小型餐馆，主要服务于一个或附近几个社区，主要的消费人群也在这个范围内。规模小，每天来消费的人数基本固定在一个较低的水平，而且大多数都是熟悉的面孔。而后者指的是一些规模大、名气大但产品留不住消费者的餐饮品牌，它们虽然有一定的知名度，能够吸引很多的用户，但产品质量一般，顾客在一次消费后有名不副实的感觉，没能得到良好的消费体验，无法形成忠实的用户。

解决这两种发展不均衡的问题，需要明确一个目标。健康的品牌应该是既有较高的消费者忠诚度，又有较大的消费群体数量。若缺乏消费人群，可以通过扩大服务范围、增加宣传力度等方式扩大影响和服务的范围，形成品牌效应，从而获得更多的用户，提高品牌的溢价；而用户忠诚度低的企业，应该在产品上动动脑筋，无论是开发新的产品还是在原有基础上进行升级换代，只要能让消费者满意，在消费过后还有再来一次的欲望，就能够逐步获得忠实用户，提高个体消费量，扩大品牌溢价。

综上所述，我们一共提出了四种品牌获得高溢价的方法：扩大品牌规模，提高市场占有率；提升品牌调性和档次；扩大品牌消费群体数量；提高品牌消费者忠诚度。但是，在实际应用中，这四种方法通常是综合使用的。

以我曾经为"黄太后御膳研究所"所做的品牌咨询为例（见图3-18）。在前期调研中，我发现"黄太后"在当地卤味市场中的名声不显，市场占有率也比较低，但产品比较有特色，回头客占据消费群体超过40%的比例。同时，"黄太后"的卤味产品单价较低，人均客单价基本在30元左右，品牌的档次也差强人意。再加上品牌现在还处于初创阶段，无论是资金还是实力都相对有限。结合我们所了解的卤制品市场品牌杂糅、良莠不齐、没有真正出现头部品牌的情况,于是我们为"黄太后"做出了以下方案。

首先,有针对性地进行产品创新,针对不同的消费场景,设置不同的特色产品。在年轻人聚集的地区,主打休闲卤味;在商务区则开设卤肉餐厅,提供更全面的服务;在居民区以社区卤食为主,方便以家庭为单位的消费。这样,"黄太后"以这种相对高端的姿态进入市场,可以适当地提高产品的单价,打造有档次的品牌。

图 3-18　黄太后御膳研究所

其次,以卤鹅产品系列、卤鸡产品系列和其他季节性产品系列共同形成完整的卤味产品体系,最终要在消费者心中确定其卤味品类专家的心智定位,以适应各个不同消费群体和偏好市场的需要,扩大品牌影响力。其中,将卤鹅产品打入高端市场,将卤鸡产品打入大众市场,用低价增加销售量,用季节卤味提高品牌黏性。

最后,进行规模的快速扩张,在卤肉餐厅方面,尽量选址在繁华地段,突出品牌的高端。社区店则依托盒马生鲜,进行大范围的扩张。在最短的时间内,尽可能多地抢占市场,形成规模化影响。

利用我们为它量身定做的提高品牌溢价的战略，"黄太后"在经过咨询服务后的六个月，人均客单价超过了 50 元，利润率得到了相应提升，也自然有资金进行更多的市场创新。

以上我所讲的只是品牌获得高溢价的基本方法，但在实际应用中，餐饮企业还是要根据自身的特点和需求选择最恰当的方法。

3.6 品牌人格化：赋予餐饮企业人性的温度

有人曾说过一句让我印象深刻的话："品牌是基于人格魅力带来的信任与爱，是品牌的去组织化和人格化"。提升品牌力，就是让品牌具有人格化。提到特仑苏，一句"不是所有的牛奶都叫特仑苏"，是不是就把你"圈粉"了？说起农夫山泉矿泉水，你是不是马上就觉得嘴里有股甜味呢？因为"农夫山泉有点甜"的广告让你印象深刻。

随着时代不断发展，在品牌建设方面，企业的经营者越来越偏爱人格化的品牌战略，就是广告语要说"人话"，甚至所有的产品都需要具备独立的人格表达。之所以出现这样的情况，是因为很多人注意到，相对于冰冷的事物，我们对于人性表达的兴趣更大。

品牌人格化，说得通俗点，就是把自己的品牌当人看待。人是有温度、有态度、有个性的，这样大家才能了解你，才愿意与你交朋友。人们不喜欢那些冷冰冰的东西，要想让消费者充分认识一个品牌，甚至迷恋一个品牌，首先这个品牌得是有温度、有人情味的。换句话说，品牌人格化是让消费者爱上品牌的前提。品牌人格化怎么做呢？我总结了以下三个方法（见图 3-19）：

图3-19　品牌人格化的三个方法

1. 对自己企业的品牌价值观进行定位

我想，解决大多数问题都需要从最根本的地方出发，品牌人格化也是一样。品牌的价值观是企业的灵魂，如果一个企业连自己的品牌定位都不清晰的话，那接下来一切与品牌相关的事情都无从谈起。

要想实现品牌人格化，企业需要找到一个方向、一种符号，或是一种情绪、一种文化，但重点是从开始不断坚持、重复、升华这种定位，最后成为"时间的朋友"，比如我们熟知的可口可乐，它所传递给我们的品牌人格就是快乐和分享。

作为一个拥有百年历史的悠久品牌，很难相信可口可乐可以保持如此的活力。我们都知道这种强烈的碳酸饮料针对的是年轻群体，但对于喜欢追求新潮和变化的年轻人来说，市面上有很多更新鲜、更刺激的其他品牌饮品，那是什么原因能让我们更愿意掏钱购买始终保持传统口味的可口可乐呢？我认为是可口可乐品牌的文化影响力，形成的品牌信仰。

曾经，紧贴市场的广告策略帮助可口可乐建立了最有价值的品牌定位。最初的时候，可口可乐需要有人来品尝，它的广告语主要是从可乐的功能上宣传，解渴、清凉。例如，宣传新鲜和美味的广告语：满意——就是可口可乐。

后来，随着逐渐被人认识，可口可乐在功能上又添加了新内容，欢乐和友谊，例如，我拥有的可乐世界。进入我国市场以后，因为可口可乐价格偏贵和口味问题,将广告语定位在贵族和感觉上,例如,挡不住的感觉。进入21世纪以后,在同质竞争下市场压力倍增,可口可乐也逐渐改变了市场策略,抓住市场时机,借助热点事件打造品牌定位,例如"可口可乐节日倍'添'欢乐"。

但无论宣传的口号如何变化,始终也没有脱离原有的品牌定位,可口可乐在消费者的心中,仍然代表着快乐与分享,只是在原有的基础上,又增添了时代的特点,保持了品牌的活力。

2. 找准主要消费群体的人格

企业对于品牌价值观的定位只是人格化的底蕴,在此之上,需要进一步确定重点展示的部分。而一般消费者在购买产品的时候,或是选择与自身现状相符的类型,我们称为现实人格;或是选择自己希望自己具备的状态所需的类型,我们称为理想人格。我们想要确定重点展示的品牌文化形态,就必须找准主要消费群体的人格。

例如注重家庭的人喜欢去"西贝"、"外婆家"这样的餐厅就餐,这些餐厅的定位主要是"温暖、传递爱和幸福";如果是关注时尚、潮流的人就偏向于"喜茶"、"宝珠奶酪"这种定位为"趣味、新颖"的餐厅;还有一些注重品质的人更喜欢去"星巴克""桃园眷村",这种餐厅的定位主要是"文化和生活方式"。

我们形容一个人善于交际的时候,通常会说他八面玲珑,而一个品牌的人格化也应该做到这种程度。针对不同类型的消费者,展示不同的人格特点,这样才能吸引各种类型的用户。

3. 给品牌树立一个性格

把已经确立的定位和重点展示的人格部分以人性化的方式展示出来,通俗地讲就是让品牌"说人话"。不会"说人话"的品牌是没有市场发展空间的。要让一个品牌贴近消费者的生活,最主要的就是让它更像一个真实的人。

人是有性格的,有自己的喜怒哀乐,有自己的经历和故事,所以一个人格化的品牌会像人一样展示自己的情绪和情感。基于企业品牌、基于事实,那些自然、真实的情绪更能打动用户。在品牌人格化中受益的餐饮企业不胜枚举,海底捞算是比较突出的案例。

有一次,我与朋友去"海底捞"就餐,拿到号码的时候,前面显示还有很多人在排队。我们等待了差不多半小时后,我看到眼前有一个服务小伙子,便请他帮忙去看一下还有多少人,小伙子立即表现出"小二"的样子,一声长长的"好嘞",然后便是撒腿快奔,将所有等位的顾客都逗笑了。从此,我便喜欢上了"海底捞",觉得它就像一个邻家的小伙子,热情且服务周到。这一幕,会让我感觉不是在餐厅用餐,而是和一个久违的朋友重逢。

总而言之,在以年轻人为主流的消费群体结构下,品牌人格化是不可逆的潮流。

3.7 形象图腾化:赋予品牌一个独具特色的形象

人们以某种具象的事物来寄托信仰,比如龙图腾、狼图腾等,现在,这种图腾文化在我们生活中依然存在。比如,在我多年的咨询工作中,有很多优秀的餐饮企业背后都有一个具有代表意义的品牌形象,并且这种形象能够表现企业品牌的价值和理念,这种形象一般体现为企业的LOGO。好的品牌LOGO能够让消费者一看到这个图像就想到企业的品牌。

随着时代不断地改变,人们的审美需求也在不断升级,品牌的LOGO也需要不断升级。设计LOGO就像找对象，长得好看的跟自己不一定搭配；有内涵的自己也不一定喜欢，只有适合自己的才是最好的。

为品牌设计一个独具特色的形象，要从整体进行分析。

1. 餐饮品牌的形象和人一样有性别之分

在我们的生活中经常出现这样的情况，朋友相约出去就餐，选择了一家网红餐厅，但是发现这家餐厅的装修布置和品牌LOGO太过于女性化或男性化，所以不得不放弃。

虽然餐厅的服务和产品并不限定用户的性别，但餐饮品牌的形象会给人一个先入为主的印象，而人们通常会根据这个印象选择餐厅，所以说餐饮品牌的性别形象对于经营者来说真的很重要。

大概一提到"太二酸菜鱼"，你就会想到LOGO上有个一直切菜的男人，手法熟练得仿佛动起来了。他那种又"二"又认真和可爱的样子让人难忘。所以，才会出现"好好吃鱼莫玩手机的标语"，还有"宇宙第二好吃"的口号，以及超过4人不接待的规定。这些看上去"奇葩"的东西放在如此一个比较"二"的人身上就显得比较正常（见图3-20）。

图3-20 "太二酸菜鱼"的品牌形象

所以，确定品牌形象的性别，有助于吸引特定的目标消费者群体，同时也能够在消费者的脑海中迅速地形成品牌的特色，给用户留下深刻的印象。对于餐饮品牌的性别，说实话，没有最合适，只有相对来说更合适，此时需要你根据市场的客观情况和现有资源来进行评估。

2. 利用品牌创始人的形象

市场上将创始人的头像或者个人形象作为标识的品牌不在少数，比如"肯德基""老干妈""李先生"等，这样做是为了展示老一辈人创业的初心，可以把一个匠心故事融入情怀里进行剖析。

李先生加州牛肉面大王（以下简称李先生）是李北祺先生创立的餐饮品牌，也是他最早将快餐的经营模式带进了我国。做好一碗面是他一生的追求。经过了30多年的积累和沉淀，李先生已经成为国内连锁领军企业。在经营过程中，李先生非常注重自己的品牌形象。

2017年的时候，面对新餐饮的逐渐渗透，为了满足现有消费群体的需求，李先生用将近一年的时间对自己的品牌进行了规划。让自己的品牌减龄，更加符合"90后"的体验需求。品牌形象开始变得年轻化、时尚化。其中，李先生宣布推出全新的LOGO形象。

事实上，这并不是李先生第一次对LOGO形象进行升级，这已经是李先生的第四代品牌LOGO。1987年，李先生在首家店面开业时，名为"美国加州牛肉面大王"；1995年"北京李先生加州牛肉面大王有限公司"正式成立，彼时其品牌LOGO形象只是一个简单的用黑白线条勾勒的人物头像。

第一次形象升级是在2008年，其创始人李北祺先生离世，为了对其表示缅怀，李先生不仅将品牌名全部变为"李先生"，还推出第二代品牌LOGO：一个和蔼可亲的老者形象，再配以红色底色，更加显眼。

2015年，伴随品牌的不断成长，李先生再次对品牌LOGO进行了升级。第三代LOGO形象，造型更加年轻自信，面部的生命力体现得更加明显，同时佩戴绿色方巾，代表着绿色食品，在发扬我国传统美食的基础上结合了国际性餐饮的特点。

2017年，为适应品牌整体升级需要，李先生再次推出全新品牌LOGO形象。升级以后的品牌形象更像一个性格沉稳、温文尔雅的绅士，简单的线条、年轻的形象、引人注目的红黑双色设计，使得品牌的辨识度更加清晰（见图3-21）。

图3-21　李先生品牌LOGO形象的几次迭代

3. 品牌形象要具有代表性和便于记忆

餐饮企业为什么要有品牌LOGO？很多街边的小店没有LOGO只有一个招牌不是也卖得很好？其实这种想法非常片面，在我的认识里，品牌LOGO在法律上是商标正品的标志；在营销上是一个最直接的记忆点。所以品牌LOGO必须具有代表性和便于记忆。这样既可以帮助企业增强自身的辨识度，又能迅速地深入人心，拉近消费者与企业之间的距离，比如"星巴克"，以及"真功夫"。

在"星巴克"旗下的每一家咖啡店里，随处可见美人鱼头像。美人鱼是海上传说，早期的人们从海上冒险带回了咖啡豆。美人鱼头像俨然成为星巴克的形象代言，一看到双尾美人鱼，人们就会想到星巴克（见图3-22）。

图 3-22 "星巴克"品牌 LOGO

"真功夫"把自己的品牌形象塑造成"功夫龙",功夫是我国传统文化中重要的组成部分。通过这个形象,"真功夫"向消费者传递出品牌的核心价值,以及以"蒸"这种传统方式为主的产品特点,这个形象让消费者看过之后能够留下深刻印象,对"真功夫"提升企业知名度和影响力起到了非常重要的作用。

4. 品牌形象符号化

品牌的形象在不断变化,从最初的命名型的形象变化到象形符号上,现在越来越多的年轻人喜欢图形化的品牌符号。一个简单易记的品牌符号不仅能让消费者迅速聚集,还能让自己的品牌具有强有力的传播力和感染力。

在众多的符号式餐饮品牌 LOGO 中,"黄记煌"的品牌形象令人印象深刻。黄记煌餐饮公司成立于 2003 年,截至目前,已经覆盖全国 200 多个城市,并且成功进军海外市场。"黄记煌"的成功与其让人记忆犹新的品牌形象关系密切。在新的消费升级来临之际,"黄记煌"决定"改头换面"。用创始人黄耕的话来说:"LOGO 改变是品牌升级最显著的标志,而餐饮品牌升级的关键,则在于你想传达给食客的东西够不够明确,食客对品牌的认知是不是清晰。"

新一代的品牌形象是一个全新的 LOGO"小黄锅",它的线条比之前更加简洁、色彩更靓丽,凸显京派餐饮的时尚气息(见图 3-23)。

图 3-23 "黄记煌"的品牌 LOGO 形象

5. 品牌形象文字化

从象形文字转变而来的汉字具有独特的美感,因此用汉字直接作为企业品牌的 LOGO,有让人快速记忆的好处,还具备了极简化和扁平化的双重优点。好的品牌形象自己会说话,不会显得平庸。一笔一画间体现了企业的调性。"云海肴"就是这样用文字作为自己的 LOGO 文化的(见图 3-24)。

图 3-24 "云海肴"的品牌 LOGO 形象

6. 品牌形象极简化

近两年,"化繁为简"成为一种大趋势,那些复杂的图案和效果越来越不被消费者喜欢,烦琐难记使得竞争力变差,应用到其他场景中也会相对麻烦。比如,在时下流行的综艺冠名中,一个简单的形象更容易植入节目中,也能更快地被人记住。

"海底捞"新升级后的品牌 LOGO 相较于之前更加简洁,删除了图形中的英文文字,增加了英文中用来打招呼的"Hi",其中的"i"更是采用了辣椒的形状,这将"海底捞"川味火锅的特点表现得淋漓尽致(见图3-25)。

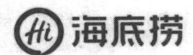

图 3-25 "海底捞"的品牌形象

其实不管企业的品牌 LOGO 做成什么样,都很难做到让每个顾客满意。众口难调,消费者看待事物的角度都是不同的,因此对表面的形象、内里的含义、风格、颜色等看法都不同,我们能做的就是进行整体、全面的考虑,不能仅考虑"颜值",还要站在自己的战略角度分析。

品牌形象为企业品牌起到锦上添花的作用,只有能够将企业信念、产品特色设计得合理,能够引起消费者的共鸣,才能适应当下潮流的发展。

3.8　餐饮特色化：将地域文化转变成餐饮品牌

在我国的饮食文化中，有八大菜系的说法，分别是鲁、川、苏、粤、闽、浙、湘、徽菜，它们各有千秋。餐饮本就有地域文化的差别，想要利用地域文化打造餐饮品牌，必须将浓烈的地域文化转变成大众熟知的概念。

餐饮产品会因为地域不同、气候环境不同，造成食材、口味和烹饪手法的不同。正是因为这些差异的存在，餐饮产品才具有地域性。企业完全可以利用地域优势在餐饮市场上突围。为自己的产品贴上地域的标签，突破线下知名度与线上口碑传播之间的屏障，从而获取线下和线上双赢。那么，餐饮品牌如何利用地域文化走向成功？我们可以从以下四点来分析：

1. 店面多场景体验，融入地域文化

消费体验时代，打造店面场景可以提升顾客对于品牌的认知。在设计就餐场景的时候，融入地域文化元素可以帮助顾客更加直观地感受品牌带来的地域文化。比如四川火锅"小龙坎"在打造消费者体验的时候就运用了这一方法。

"小龙坎"是来自于四川的火锅店，从最初开店到现在一直秉承着"用心做味道，良心做品质"的理念。"小龙坎"的装修风格非常有地域特色，顾客看了记忆深刻，同时也满足了顾客在视觉方面的体验。

走进店里，你会看到到处都是川西文化的踪迹，大红灯笼高高挂，青砖墙，木桌椅，还有潺潺的流水……这些地域特色无不在展示着火锅"三教九流，围炉而坐"的本质，让消费者感受到满满的四川人民生活的气息。无处不在的三国人物形象遍布整个店面，古代四川文化与现代四川文化相辅相成，交相辉映。

地域文化向创新餐饮品牌转变，离不开地域文化的渲染，这种具有鲜明地方特色的文化景观可以直接形成品牌的文化符号，形成独特的品牌个性和形象。

2. 根据地域消费习惯打造餐饮品牌

我国餐饮市场除了存在巨大的地域性外，不同地域的消费习惯也有很大的差别。因此对于产品的风格、食材的选择都会有很大不同，利用地域消费习惯的不同来打造企业品牌、引导消费，也是品牌创新的一种形式。

四川、重庆人有一种习惯，就是出行回到家总会先去吃一顿火锅。这就是他们独特的火锅情怀，也是消费习惯，就如同北方的"出门饺子回家面"一样。重庆当地有很多企业就是利用这样的消费习惯来设计营销活动，了解地域消费习惯就可以有的放矢。比如，"珮姐老火锅"推出了凭借三天之内的机票或者火车票来店里就餐，就可以享受8.8折优惠的活动，并且还在机场包下了整个柱头，打上了"回家再晚，珮姐等你"的品牌广告，帮助自己的品牌实现口碑传播。

地域性的消费习惯其实是地域性饮食文化形成的根本原因，比如四川人嗜辣是因为地理环境导致的。那里终年潮湿，当地人需要一些辣味刺激人的肠胃，辣椒也能起到排湿驱寒的作用。所以，在利用地域文化打造餐饮品牌的时候，消费习惯也是不得不考虑的因素。

与此同时，每个地域偏好的食材都不一样，制作出来的产品就会呈现地域性的差别，比如南方喜食米制品，而北方以面食为主，根据食材的不同也可以打造品牌的差异化，实现品牌创新。

3. 打造景点式餐饮品牌

说起北京最有名的美食要数"全聚德烤鸭"，说起河南大家肯定要说"巴奴毛肚火锅"，去青岛一定不能错过"船歌"鱼水饺，去杭州要吃"外婆家"

等。几乎每个地区都有自己的品牌美食。

在大牌云集的市场上,小品牌想要生存就必须找到合适的切入点,只有用自己的优势将生存空间逐步扩大,才能在市场竞争中立足。这就要求企业具备足够吸引消费者的亮点,而利用地域文化特色打造这种优势、亮点,不仅能引起消费者的共鸣,也能够激发一种强烈的地域认同。对于外地的消费者来说,店铺也有足够吸引人的新鲜元素。

鱼肉馅水饺是沿海地区常见的食物,但是只有"船歌"将鱼水饺做成了一种品牌。由此可见,景点式餐饮品牌总是带有强有效的地域认知和顾客认知。在本地形成品牌之后,也能不断辐射其他地区的潜在消费者,将自己的品牌做大做强。

拿"船歌"鱼水饺来说,它出生于青岛,本地海鲜就是一张很好的地域名片。但是当时市场上的水饺品类已经是一片红海。通过对市场的分析,"船歌"发现,鱼水饺的市场还没有一个品牌出现,于是便开始打造自己的品牌:船歌主要避开传统水饺,不走寻常路,将自身的地域优势放大,推出一系列时令产品,积极做好产品创新,比如墨鱼水饺、黄花鱼水饺等,因此不断取得成功。

再比如白洋淀铁锅炖鱼是白洋淀一道知名特色菜。一口传统铁锅里翻滚着白洋淀的水和白洋淀的鱼,一方水养一方鱼,白洋淀的鱼都是野生的,肉质鲜美,再配合独特的烹饪手法,令人垂涎欲滴。伴随农家饭的兴起,这道颇具白洋淀特色的美食逐渐成为热门,不少当地餐饮品牌如一尾鱼等都以此菜作为主打,再加上自身的改良,成功吸引了大量食客关注,甚至将连锁店开到了全国其他地区。

餐饮品牌的创新,需要紧跟潮流,聚集地域特色,才能找准自己的定位从而突破传统局限,让自己的产品和品牌深入人心,最后赢得好口碑。

3.9 品牌连锁化：加高行业壁垒

餐饮企业想要获得品牌的高溢价，实现连锁经营也是一种合理的方法。下面我们主要讨论品牌连锁经营的重要性和方法。

企业为什么要实现连锁经营？目前我国餐饮业的整体业态基本已经发展完善。比如在酒店餐饮、休闲餐饮、外卖等业态上，很多城市已经出现了相互补充、相互竞争的态势。所以面临这种餐饮现状，竞争的中心就是市场的占有率，企业想要破局，那么必然要走上连锁经营的道路。

连锁经营模式自打出现以来，就被零售业、餐饮业广泛应用，现在已经出现了国际化连锁的趋势，也已经出现了很多值得中小企业学习的连锁经营品牌。很多人说，做餐饮复杂，做餐饮连锁品牌更难。但是，事实真的如此吗？其实只要掌握一些连锁经营的方法，你也可以做好（见图3-26）。

图3-26　餐饮品牌形成品牌连锁化的方法

1. 品牌连锁经营模式要统一

餐饮连锁企业需具有鲜明的统一性，也就是具有统一的企业识别系统、统一的经营策略、统一的食材供应和配送、统一的信息管理系统。这种企业联合体是由一个总店加上众多分店构成的。所有分店都使用统一的名称、店貌和服务规定。

"杨国福麻辣烫"（简称"杨国福"）是我国知名的麻辣烫连锁品牌，近几年"杨国福"加盟店数量增长速度惊人，每年达到近千家，也就是平均每天都有2~3家新店开业。在连锁经营过程中，为了保证各门店产品的品质，确保品牌口味的稳定，"杨国福"坚持实行统一的经营模式。

在"杨国福"，所有产品都有统一的制定标准，比如麻辣烫骨汤要熬制5小时以上，店面食材50%要由总部提供……除此之外，所有加盟商都要学习，技术合格之后才可以正式开店营业。"杨国福"的成功很大程度取决于产品的可预见性，每家店产品的品质和味道都是一致的。

对于连锁品牌来说，经营模式很重要。我们可以借鉴"杨国福"的运作方式。由品牌掌握核心技术，身处价值链的上游。之后可以根据成熟的运营系统，将旗下分店打造成赚钱机器，从而获得品牌溢价。每家分店必须与总店的经营模式保持统一。

2.产品既要大众化又要有独特性

按照目前餐饮市场的情况来看，那些比较成功的连锁品牌企业，往往都是经营大众化产品品类或者具有独特性的产品。连锁品牌所覆盖的经营范围越广阔，被消费者接受的产品面越广。

除了产品的大众化之外，产品的独特性也很重要。大众化的产品容易让消费者接受，有独特性的产品则不容易被其他人模仿。容易被人模仿的连锁企业是不会有人愿意加盟的，因为没有竞争优势。餐饮连锁的基石是特色餐饮产品，如果一个企业没有特色，连锁是不可能成功的，就连独营都有可能失败。后者带来的损失只是一家店，而前者损失的可能是几十家店，甚至是整个连锁体系。

"重庆鸡公煲"主要是以鸡肉作为主要菜品，鸡肉是我们熟知的食材。它以干锅炒菜配上美味的鸡肉为主要特色，同时也将火锅的精华融入其中，让鸡肉变得更加香嫩可口，在吃完干锅炒菜之后还可以加水涮菜。"重庆鸡公煲"既是一种大众化的菜品，符合大多数类型的消费者的消费习惯和口味偏好，又具有独特的工艺，不容易被其他竞争者模仿，在市场上能够形成"独此一份"的影响力。

连锁餐饮品牌，连锁的重点在产品而不是品牌，只有既具备大众化又有独特性的产品，才能保证品牌的连锁顺利实施，不至于中途夭折。

3. 管理方式要规范化和有科学性

餐饮连锁企业对外需要面对的是众多供货商，对内还要面向众多连锁店，因此保证企业连锁体系正常运营的关键就是制定正确的经营方针，保证管理方法的规范化和科学化。

科学管理成为品牌连锁化的核心内容。如果企业内部人心不齐，那么后期的经营管理会变得更艰难。没有科学的管理，连锁经营就会变成无源之水、无本之木。

知名快餐连锁品牌"永和大王"拥有可以和世界快餐企业媲美的管理系统。从一线员工到部门主管，都会有其专业的培训体系和课程，这些管理体系帮助永和大王快速扩张。

目前，"永和大王"已经形成统一的全国采购系统和食材供应系统，能够确保每一家加盟店的产品口味一致，让那些加盟的伙伴可以更好地服务顾客、经营管理好自己的加盟店。

另外，"永和大王"在全国实行统一的市场推广活动，并且与地区推广活动进行结合，这样做的好处就是最大限度地帮助每一个地区的加盟店实现盈利最大化。

连锁品牌未来能够走多远，不是看其扩张的范围有多大，而是看其内部的核心竞争力有多强，分店再多，缺乏站得住脚的根，从辉煌到破败有可能只是一瞬间。而统一的经营、独特的产品、科学的管理可以让每一步都走得无比坚实。

3.10 人员管理：人是餐厅品牌的象征

当我们进入一家餐厅用餐的时候，我们对餐厅的第一印象来自哪里呢？装潢、卫生、餐具的摆放等细节都包含在第一印象里，但最重要的部分是来自服务人员的表情和言语。我不止一次地强调过，餐饮是一个服务行业，迎来送往，我们的服务从人与人的交流开始，又在人与人的交流中结束。人，是餐厅的另一张名片，是餐厅的另一种形式的品牌象征。

无论是何种企业，在经营过程中都需要人的助力，一家餐厅想要发展，品牌想要创新，离不开合适的员工提供的推动力。为什么我说是合适的员工而不是人才，因为人才是一个广义的范畴，而合适的员工则是针对企业的现状。有时我们并不一定需要最好的员工，但我们一定需要最合适的员工。

对于亟待品牌创新的餐饮企业而言，最合适的员工自然也是同样具有创新欲望和能力的人。想要得到这样的员工有两种方式，一种是从外部招聘，另一种是内部发掘。这两种方法各有利弊，从外部招聘的创新型员工，本身自带创新能力，但对于企业并不了解，没有实践基础，而且这类人在人才市场也比较受欢迎，餐饮企业想要留住这样的人才需要付出的代价也相对高昂。

而内部发掘，则是在已有员工中选择相对优秀的进行有针对性的培训和管理，最终达到企业的要求。通过这种方式得到的员工，对于企业了解深刻，落地的经验相当丰富，但本身的创新经验相对匮乏。企业可以根据自身的现状选择获取最合适员工的方法，但无论采取哪一种方法，员工的管理和培训都是不可或缺的部分。

1. 懂得换位思考

"没有计划的工作是空洞，没有措施的管理是空谈。"很多时候，对于那些餐饮企业管理者来说，进行员工管理是一个令人烦恼的问题，总是觉得员工这里不对，那里不好。其实，有时候你常常忽略了自己的管理手段。每一位员工在顾客眼里都是餐厅的代言人，不重视员工管理的企业不是好企业。那么如何对员工进行管理呢？

有时候，餐饮人要做到己所不欲，勿施于人，不要把自己的想法强行加到员工身上。遇到事情的时候，可以换位思考一下，站在员工的角度想一下，这样才能更好地理解员工的难处。

现在很多老板都是又想马儿跑得快，又想马儿不吃草，完全没有站在员工的角度上来考虑。员工工作的一大需求是挣钱，如果你一直跟员工谈理想，员工很可能会把你"炒"了，在他的面包还不多时，对他来说谈诗和远方有意义吗？

"海底捞"的创始人张勇说过的一句话我非常赞同，"谈钱才是对员工最好的尊重"。海底捞为什么那么火？毋庸置疑是因为服务。为什么它的服务能够做到如此极致？因为它的员工愿意为它做好服务，因为老板舍得"给钱"，因为老板能够站在员工的角度思考问题。员工最看重的就是待遇问题，工资和福利给足了，员工自然死心塌地地"为你卖命"。

2. 信任和授权

无论是在哪个行业，员工都希望自己有权利、被信任。很多普通员工的责任心不是很强，但是如果给予他们一定的权利和信任，他们的态度就会改变，工作积极性也会被调动起来，从而更加用心地工作。

仍然拿"海底捞"来说，"海底捞"对于一线员工的信任授权让很多同行十分不理解。在"海底捞"的门店里，一线员工也有权利给顾客免单、打折和送菜。在别的企业里，这种权利是经理级别才有的，而在"海底捞"，员工就等于经理。员工拥有这种权利之后，能够更加迅速地解决一些问题，服务效率也提升了，员工也变得更加有自信、更加有创造力了。

3. 完善培训体系，建立科学有效的绩效考核制度

想要让自己的员工更称职、更忠心，员工培训一定不能少。培训可以提高员工的整体素质。除了培训，我们还可以采用一套科学的绩效考核制度，对员工的行为进行评价和监督。

比如"绝味鸭脖"为员工专门设置了一套四级金字塔的培养体系，让员工可以看到晋升的空间，同时还能增强员工对企业的认同感（见图3-27）。

人才培训是很多企业都在做的事情，除了"绝味鸭脖"以外，"西贝"、"井格重庆火锅"都在制定适合自己员工的人才规划，这样员工可以清晰地看到自己的成长路径，能够看到未来的希望，这也是企业留住人才的关键。

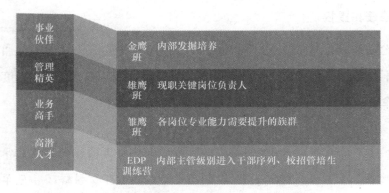

图 3-27 "绝味鸭脖"的四级金字塔晋升体系

4. 人性化管理，把员工当亲人

我相信，大家都听说过"投之以木桃，报之以琼瑶"，领导想要员工积极地工作和配合，首先要做的就是实施人性化管理，尊重员工，用最温情的管理方式打动员工，得到员工的认可，这样员工自然会认真工作，回报领导、回报企业。

曾经有一个网络热搜词叫"星巴克的员工为什么挖不走"。在"星巴克"，对员工的称呼不是员工而是伙伴，每个员工可以自行选择要工作的城市；"星巴克"还为员工提供学习的通道，帮助他们学习本领，提升价值。不仅如此，"星巴克"对员工的家属也会提供无微不至的关怀，邀请员工的父母来店做客，为员工家属购买保险等。

这些都体现了"星巴克"对自己的员工进行的人性化管理。

管理无非就是管事、理人。站在对员工负责的立场上，从大处着眼，从小处着手，为员工打造一个和谐的工作氛围，这样员工才会心情愉快地工作，为企业带来更高价值。无论是在什么行业，企业的发展都离不开对员工的正确管理，餐饮企业也不例外。要知道餐饮企业的本质还是服务行业，而所有的服务都是建立在人的基础之上，服务创新更是离不开一线员工的奇思妙想。

要想积极调动员工的创造力，首先，就得让他们感受到来自企业的温暖，让他们自动自发地为企业出谋划策。其次，如果想让这种创新精神成为常态，必然需要制度的保障，企业应该建立起员工创新的长效激励机制，从源头保障品牌的创新力和整体服务质量，实现企业利润的最大化。

  对于品牌创新，我一直不主张大家追寻所谓的流行，而是要标榜平实，直抵人心。品牌创新要重视每一个细节，从战略定位到品牌内涵、品牌理念、品牌形象、品牌价值，再到品牌口号等，每一点都是创新的入手点。真正优秀的品牌创新，从不主动强调，但却每时每刻都在追求以崭新的姿态呈现在大家面前。

第 4 章
产品创新：菜品与服务，永远是核心

这是一个不断变化的时代，也是一个不断创新的时代。产品创新让各行业充满活力，餐饮行业也不例外。而产品创新的基本准则是对菜品和服务的研究，围绕菜品和服务的核心来进行全新的产品升级。

餐饮行业的核心始终是人们对于"食"的原始需求，因此，餐饮行业的经营本质仍然在于产品。那么，在新时代下，产品创新要遵循哪些规则？具体应该怎样实施呢？

4.1 回归初心：用"匠心"打造产品

对于一家餐厅而言，决定它命运的是什么？毋庸置疑，是产品质量。一道真正优秀的菜品，不仅要拥有优质的食材、极致的口味，还要足够健康有营养。

在过去，餐饮行业存在的意义就是为顾客提供食物，而餐饮企业要做的也只是提高产品的质量，而宣传、营销在当时都没有形成气候。但现在，随着消费者在餐饮消费上需求的多样化，越来越多的餐饮企业把资金和资源投放到产品以外的领域，却忽略了对自身硬实力——产品质量的打磨。对于这样的情况，餐饮企业急需回归初心，提高产品在生产经营中的比重，用匠心打造优质产品。

在产品质量面前，无论多花哨的推广方式、门店装修风格或是客户体验都变成了次要。好产品打造好口碑，"一传十，十传百"的口碑效应形成之后，企业的收益、品牌的影响力也就成了自然而然的结果。

近年来，各色餐饮品牌可谓是遍地开花。为了追赶行业创新的脚步，很多餐饮企业开始在装修、推广等方面深挖，却没有扎根餐饮的本质——"餐"。曾经"黄太吉"凭借个性化的产品和服务成为网红品牌，但在此之后，由于过于注重外部营销而疏忽了对产品的打磨和迭代，最后导致消费者流失，转型失利。

我国是一个餐饮大国，流传着"酒香不怕巷子深"的典故，顾客注重的还是产品的质量。因此，回归初心，用匠心打造产品才是王道。我们可以思考一下，产品质量由谁决定呢？无外乎就是产品的制作者和企业的经营者。

每一个餐饮人进入餐饮行业的原因都不尽相同，但能够在这个竞争激烈的行业中坚持下来的，绝对是热爱餐饮的人。"做一行爱一行"，热爱自己的

第 4 章
产品创新：菜品与服务，永远是核心

餐饮事业，才能打造出优质的产品。下面有必要介绍一个让我非常尊敬的老人，他对于职业的热爱、对于产品的追求让所有人感动。

我曾经在日本工作和生活过十余年，在日本东京一座办公大楼的地下室里，有一家世界上最小的被评为"米其林三星餐厅"的寿司店。这家寿司店的面积很小，只有十个座位，没有精美的店面装潢，就连洗手间也设在店外。就是这样一家餐厅，如果你想去，还需要提前三个月预约，平均每个顾客的消费额达到400美元。

这家寿司店的老板叫小野二郎。90多岁的小野二郎，用在寿司上的时间已经超过55年。他对寿司的热爱超过了一切，可以说寿司就是他的生命。他就连做梦也在捏寿司，点子多的时候半夜睡觉都会惊醒。人们总是用严谨、精准和追求极致来评价他的工作态度。正因为具备了这样的匠心，才帮助他成就了事业上的成功。

他曾经这样评价他的工作："我一直重复同样的事情以求精进，总是向往能够有所进步，我继续向上，努力达到巅峰，但没人知道巅峰在哪儿。我依然不认为自己已臻完善，我爱自己的工作，一生投身其中。"

一个热爱自己餐饮工作的人，才能够制作出一流的产品。但意识并不是打造优质产品的唯一要素，完善的物质条件也是关键之一。

1. 食材好，食才好

食材乃美味之本，好的食材直接关系到产品的质量和口感，很多餐饮企业在食材品质把控环节投入了大量的资源，但如何将高品质的食材信息传达给消费者更为重要。

从最初的一家不足20平方米的街边小吃店开始，一直到现在已经拥有70多家门店，年销售额也达到20亿元的西北菜连锁企业，西贝莜面村（以下简称西贝）可以说是创造了一个传奇。从西贝的菜品上来看，它其实并没有多么花哨，但是一直以来西贝对于食材都有着近乎苛刻的要求。

西贝的原料都必须从原产地采购，羊肉都是正宗的草原羊。广袤的草原，清甜的泉水，在这得天独厚的环境中生长的羊，肉的味道自然与众不同。西贝对于羊的选拔也有着非常严格的标准，基本上从每30只羊中才能选择出一只合格的羊。每到羊羔长成的季节，西贝就会专门去大范围地筛选，从源头确保食材的高品质。

熟悉西贝的人都知道，西贝的面筋之所以如此美味，是因为其所用的小麦全部取材于河套平原，受特殊地理环境的影响，这里的小麦光照时间长，再加上昼夜温差大，所以积累了大量的蛋白质、淀粉。

西贝的沙棘汁之所以能够广受好评，和其对食材的要求也有非常直接的关系。为了寻找满意的沙棘原料，西贝花费了整整四年时间，不断在西北的山野乡村探索，考察沙棘的生长环境、成熟度、颜色、浓度等。同时对生产也非常严格地进行把控，采摘要精细，从脱粒到封存，所有加工环节都要求在低温环境下进行……

西贝通过在食材细节上的精益求精，实现了产品的完美呈现，得到了消费者的肯定，也让西贝成功经受住时间的考验。

2. 口味极致

除了要在餐饮企业经营中回归到打磨产品的初心上以外，对产品口味的追求也应该回归初心。纵观我国几百年的餐饮历史，无论社会怎样发展进步，吃得"鲜"，一直都是人们对于食物的极致追求。

一碗面能够卖到一万台币，是世界上最贵的牛肉面，中国台湾的牛爸爸号称牛肉面里的"元首"。然而，它的成功之路却是经历了很多波折。

为了寻找最适合的牛肉,打造顶级的牛肉面,牺牲了上百头牛,中间做了无数次的实验,26年来牛爸爸不间断地研究牛肉的选择及烹饪手法,选择的牛肉都是从澳大利亚等地进口的顶级牛肉,单价都比较高。为了做出最鲜美的牛肉汤,牛爸爸不下千次地去尝试,最后终于寻得好方法来保证牛肉的鲜美——冷冻。牛爸爸的独家发明让他做出有极致口味的牛肉面,也成功创造了世界奇迹。

除此之外,牛肉面的汤汁也是结合了牛身上6个部位的肉进行熬制而成的,期间需要经过12个小时熬煮,最后取其精华。精益求精才能做出精品,对产品口味的极致追求让牛爸爸长盛不衰。

牛爸爸的创始人王聪源说,他的最终目标是把自己的牛肉面做到世界第一,把每一碗牛肉面都做到精益求精,追求牛肉面的极致口味。牛爸爸没有做过多的营销宣传,却形成了大众口碑,这都是因为它注重追求产品自身口味的极致。

3. 营养健康

近几年,人们对于饮食的需求开始回归初心,安全、健康的饮食成为餐饮行业的新宠儿。从产品的创新角度来说,除了注重菜品的口味以外,我们还可以从产品的营养价值着手。

内蒙古餐饮企业"喜蒙羔"是一个国内知名的特色火锅品牌。它主要是以沙葱肉为主,以牦牛肉和野猪肉菜品为辅。"喜蒙羔"的防伪羊肉来自内蒙古锡林郭勒大草原,主要以绿色、健康著称。那里的每一只羊都有自己的"身份证",并且都有原产地二维码标识。沙葱肉的重要特点就是鲜嫩多汁、没有膻味、营养丰富,并且还富含人体需要的各种氨基酸、脂肪酸。牦牛肉产品也是纯天然的绿色食品,具有补血补铁的功效;而脂肪含量较少的黑猪肉与家养猪肉不同,其脂肪含量少,富含胶原蛋白和氨基酸,具有美容功效,对人体健康十分有好处。

正是因为食材有营养又健康，帮助"喜蒙羔"吸引并留住很多回头客。

有一句话是这样说的："忽视产品的质量无异于自杀"。对于餐饮行业来说，产品质量的意义就像血液对于生命一样。所以无论是新兴餐饮品牌还是传统的餐饮企业，一定不要忘记餐饮的本质——产品质量和食品安全。

4.2 单品突围：聚焦爆款单品

一招鲜，吃遍天。很多专攻单品的餐饮品牌已经成为市场翘楚，一时间单品战略开始收割市场红利，餐饮业已经进入一个单品混战的时代。

提起专攻单品的餐饮品牌，就不得不提"老干妈"。贵阳南明老干妈风味食品有限责任公司成立于1996年，其所制作的油制辣椒已经成为家喻户晓的调味品。令很多人没有想到的是，"老干妈"辣椒酱的诞生完全出于偶然。

1989年，陶华碧在贵阳开了一家专卖凉粉和冷面的餐厅，为了让自己的凉粉口感更好，陶华碧专门拿出自己特制的辣椒酱当作拌凉粉的调料，这使得其凉粉大受欢迎，销量远远高于附近其他同类商家。渐渐地，陶华碧发现来她店买凉粉的顾客几乎都是奔着她的辣椒酱来的，有一天由于身体原因她没有准备辣椒酱，结果许多顾客便离开了。因此，她决定改行专卖辣椒酱！"老干妈"辣椒酱由此诞生。

自1996年第一家辣椒酱加工厂成立以来，几十年来，"老干妈"一直潜心于对辣椒酱的研究和制作，其推出的辣椒酱口感独特，香辣突出，深受广大群众喜爱，现在已经成为多种菜品的核心调料。

多年来,"老干妈"一直坚持"不上市,不贷款,不融资",甚至连广告都是2019年才推出的,只是凭借辣椒酱的上乘品质、独特而稳定的口味火遍了大江南北。这就是单品的力量。

烤鱼,集合了烧烤、海鲜、火锅等多种产品的特性于一身,在年轻人群中拥有不可小觑的市场。"探鱼"就是一家专门做原创豆花烤鱼的连锁餐饮品牌,将豆花和烤鱼两种截然不同、各有千秋的产品完美融合在一起,创造出一种新的特色产品。虽然"探鱼"只有烤鱼这一种主打产品,但它却把烤鱼做到了极致,每一条烤鱼都经历了腌、烤、堂烧、涮4道工序,带来口感和味道的美好体验。虽然"探鱼"能够火爆和它独特的递进式优惠营销有很大关系,但我相信最终它能留住顾客的主要原因还是美味的食物。

假如有人问你"今天想吃什么",我想大多数人的反应会是一道菜,但这道菜可能存在于很多餐厅中,所以人们的选择具有随机性。但如果这道单品和某一个品牌形成直接联系,当人们想到这道菜的时候,就能够直接联想到这家餐厅,这便是单品战略的作用,也是现在很多餐饮品牌专注于单品开发的主要原因。

比如,主营各种不同类型煎饼产品的"煎饼先生",在经营初期也经历了产品老化导致用户吸引力下降的问题,但在我们的帮助下,它实现了产品的更新迭代和标准化、流程化生产,在产品与品牌之间形成了强有力的联系。

再如,2016年8月,"姚姚爱鱼"横空出世,这是一家以酸菜鱼为主要单品的餐厅,现在升级为"姚酸菜鱼"(见图4-1)。它在半年之内就成为大众点评榜人气第一的现象级餐厅,平常的生意非常火爆,想要在这家餐厅就餐,等位是必须经历的考验。截止到2018年6月,它在深圳地区开了11家分店,在不到两年的时间就成功地在激烈的酸菜鱼单品市场中脱颖而出。

图 4-1 姚酸菜鱼

正如我们所看到的那样,"姚酸菜鱼"专攻酸菜鱼单品,但曾经它也是经营多品类鱼锅产品的。之后经过对市场的分析,去掉了那些无法成为赢利点的品类,选择专攻酸菜鱼系列。在产品的创新和开发过程中,实现酸菜鱼制作流程的标准化,包括刀工和其他类型的配菜都进行了统一的规定,保证了顾客无论在哪家分店都能感受到酸菜鱼麻辣酸爽的口感。

在提升酸菜鱼整体体验的同时,"姚酸菜鱼"还开发了一些配合鱼锅同时享用的饮品,并且,通过对消费者的实际需求进行采集,根据多样化的需求也推出了不少招牌特色凉菜,用以满足不同消费者的不同需求。

我们可以看到,单品给餐饮带来了前所未有的春风。毕竟有人让沙县小吃、黄焖鸡米饭走向了世界;有人把一条烤鱼卖出十几亿元;也有人专门经营串串,开了上千家分店,加盟盈利丰厚。以下这些品牌都是专注做单品的,享受着市场红利,不仅迅速收割市场,还获得了千万元融资(见表 4-1)。

从表 4-1 中,我们不难看出 2015~2018 年间,那些成功获得投资的餐饮品牌中,很多都是依靠的单品战略,比如,"海盗虾饭""小恒水饺""韩蹄客"等。那么,单品战略对餐饮企业有什么好处呢?

表4-1 2015~2018年部分餐饮品牌融资额

品牌	时间	金额	核心单品
宇宙卷饼	2015年12月	400万元	卷饼
皇太极	2015年10月	2.5亿元	煎饼果子
夹克的虾	2015年8月	600万元	小龙虾
伏牛堂	2016年3月	1 700万元	米粉
遇见小面	2016年2~11月	数百万元~2 500万元	小面
小恒水饺	2016年2月	500万元	水饺
淘汰郎	2016年7月	数千万元	火锅
邢少爷	2016年3月	1 000万元	肉夹馍
海盗虾饭	2016年5月	近千万元	小龙虾饭
韩蹄客	2017年1月	数百万元	猪蹄
喜茶	2018年4月	4亿元	茶饮
虾皇	2018年6月	3 000万元	小龙虾
叫个鸭子	2018年3月	未公开	鸭
吃个汤	2018年8月	近亿元	汤类
庆丰包子铺	2018年8月	9 210万元	包子

首先，聚焦单品更容易出精品。打造餐饮单品，更能将餐饮人的匠人精神激发出来，更容易提升产品的质量，从而打造出更加精致的产品，发挥出更加强大的实力。比如，主营潮汕牛肉火锅的八合里，从原料的加工、汤底的熬制到半成品的制作都极尽考究，为的就是那一口正宗的风味，而八合里也正是因此而闻名。

其次，单品成本低，回报周期短。单品的制作流程往往是固定的，工艺不一定简单，但容易走上标准化的道路，从而可以很大程度上节省人工成本。除此之外，单品的可复制性高，在单品店的运营期间都是固定的模式，回报周期变短。

最后，聚焦单品有利于品牌传播。专注才有力量，品牌传播主要是遵循"声音一致，单点聚焦"原则。所以单品传播本来就具备先天的传播优势。

现阶段，在我们所处的互联网时代，所有信息开始变得碎片化，信息更新和传播的速度加快，能够被人们关注的往往不是那些泛滥的"大而全"信息，反倒是那些拥有个性、旗帜鲜明的"小而精"信息。这些信息更有价值，能够精准地刺激人们的需求点，从而会得到更多的关注。餐饮行业也是如此，聚焦单品，把一个品类做到极致，更容易吸引消费者。

那么，我们到底应该如何去做呢？

1. 打造产品差异化（单一产品）

企业想要做强做大，首先就要对自己的产品进行清晰、全面的分析。在了解自己的产品后找出自己与其他产品的不同。成功的品牌都有一个优先于竞争对手的差异化定位，这个定位不仅要符合产品的形象，还要将产品的核心优势体现出来。在满足主要消费者群体的需求之后再把品牌的相关信息准确传达给消费者，占据有利地位。

在我国的餐饮企业中，一直有一个独特的存在，它低调且偏执，坚持做单品餐饮多年，它就是"喜家德"水饺。为了给顾客创造更好的体验和品牌认知，"喜家德"对自己的产品进行了创新，打造出差异化的产品。首先将传统的元宝形水饺做成一字形。如此做的原因就是一字形的长条水饺在外观上有差异，辨识度高，消费者一看就知道是喜家德的水饺，而且长条形的水饺方便夹取，里面的馅料能被直观看到，这样顾客便能一下感受到喜家德的品质。

这样的差异化让"喜家德"水饺得到了越来越多人的认可。

2. 打造极致性价比（单一卖点）

有时候，单品的市场竞争力还源自于自身较高的性价比。这里所说的性价比，不是指产品的价格便宜，而是相对于产品自身的价值而言，达到一个物美价廉的标准，也就是让消费者用较低的价格能够买到高价值的产品。不仅要在需求上满足消费者，更要给消费者更多期望。

这里还要提"喜家德"水饺。首先，"喜家德"水饺的品质是上等品质。每种食材都有专用的品牌，质量要求非常严格。猪肉是采用的排酸冷鲜肉，有效排除了肉中毒素，还有虾仁也是引进了深海无污染的野生海虾，这些都在彰显品质感。

但是，"喜家德"水饺的价格却始终处于行业中较低的层次。单份水饺的价格在19~30元不等，人均消费只有30元左右。"喜家德"水饺的主要消费人群不仅包括高收入阶层，也有普通家庭。即便是在生意冷清的商超里，"喜家德"水饺店也是人气兴旺。无论在哪里，高性价比的东西总是人们争相追求的。

3. 注重产品包装（单一包装）

好的产品需要好的包装来装饰。因为出色的单品包装可以带给消费者强烈的品牌意识。俗话说"人靠衣装马靠鞍"，包装设计对于店铺的核心单品来说也十分重要。

精致的包装不仅可以体现产品属性，还能利用包装上的闪光点吸引顾客，激发消费者购买的欲望，产品包装的好坏直接影响产品的销售情况。

"营养快线"是娃哈哈出品的一款创新的单品，采用大瓶口瓶身的包装，包装为产品加分，体现出人们对于"快"的追求，饮用起来更加畅快。后期更是将产品的包装巧妙地设计成情侣装形式，在市场上受到广泛好评。

4. 技术创新（单一技术）

伴随着市场的不断发展，企业要想生存就必须学会与时俱进，不断转变经营观念，不断推动技术创新，形成企业核心技术体系，以此实现自我赋能，提升企业核心竞争力，使企业适应市场变化，始终立于不败之地。

在通过对产品的聚焦后，想要做成像可口可乐一样知名和流行的品牌，就需要掌握相应的核心技术，根据时代的变化，将产品做到极致。

庆丰包子铺（简称庆丰）最早创建于1948年，是一家真正的老字号快餐品牌。而庆丰之所以能够持续发展七十余年，自有其过人之处。其中，不断的技术创新就是一个非常重要的原因。作为快餐连锁企业，庆丰一直将打造自身独特技术作为重要的发展战略。

早在发展之初，庆丰就建立了包括食品安全体系、电子信息体系、配送技术和物流体系、供应链体系在内的四大体系。在食品安全方面，在瘦肉精快速检测法问世之初，庆丰就购置了相关设备；在电子信息方面，一直以来庆丰都在和全国科研所开展合作关系，力求将科研成果成功应用到产业之中，不断推动电子信息体系建设；在配送技术和物流体系方面，庆丰通过对相关工业化技术的研究，实现了打馅量的大幅度提升，同时还有效增加了生鲜速冻包子的保质期；在供应链体系方面，庆丰注重从源头抓起，原料都经过了严格审查，力求做到定制、优质、专属和安全。

可以说，正是独有的技术创新支撑了庆丰包子铺的不断发展，帮助其一直不断扩大，扩大市场影响力。

每一个成功的餐饮品牌背后都会拥有属于自己的单品，让消费者记忆犹新。就好像说起"海底捞"，你就会想起火锅；提到"全聚德"，你就知道是一家烤鸭店。这些品牌的成功都离不开单品的功劳。聚焦单品战略，毋庸置疑是这些品牌成功的诀窍。

4.3 新品研发：不断开发新菜品

作为餐饮企业经营者的你是不是经常会遇到这样的问题：本来很受消费者青睐的产品，销量一落千丈，消费者越来越少；周边同类型的餐饮企业越来越多，产品重叠，用户流失；顾客对产品吹毛求疵，鸡蛋里挑骨头等。这些问题其实并不是只存在于某一个企业中，而是整个餐饮行业面临的共同问题。

首先，餐饮功能的不断增加，导致消费者的需求增多。以我为例，我有时候也会在餐厅和客户洽谈商务合作事宜。餐厅不再只有吃饭这一个功能，功能被增加以后，人们也可以去餐厅办酒席、聚会等。

其次，菜品同质化严重，导致竞争加剧。比如，当酸菜鱼这个菜品一经推出，马上受到消费者的积极响应，于是很多餐饮企业纷纷跟风去做酸菜鱼，试图瓜分在这一菜品上的利润。但大量不同品牌酸菜鱼产品的出现，使菜品原本的新鲜感和吸引力大大下降，失去了原有的吸金能力。

现在的消费者以"90后"居多，他们的消费观念与以往不同，比较注重消费体验，对于菜品的口味也有很多不一样的要求。而且餐饮市场的竞争已经到了白热化的地步，争相模仿产品，同质化严重。餐饮企业想要赢得挑剔的消费者，在众多企业中冲出重围，就要不断对产品进行迭代，不断进行产品创新，这样企业才能保持竞争力和生命力。

产品创新不是一蹴而就的事情，但餐饮企业的经营者往往都是在餐厅的生意变得不好的时候，才临时抱佛脚，想起要开发新菜品。真正有远见的经营者不会犯这种低级错误，菜品创新并非是轻而易举的事，不仅需要资金和资源的支持，也需要我们开动脑筋，不断钻研和尝试，还有一定的时间积淀。

产品的创新不是无中生有，也不是凭空想象出来的，而是在原有的基础上，通过经验的指引找到推陈出新的方向，然后利用全新的工艺、理念和工具来改变产品的外在形式，融合新潮的思想来进行产品的升级和迭代。

1. 不一般的口味

菜品创新首先要变的就是产品的口味。无论是哪种菜系或者调味料，都脱离不开酸、甜、苦、辣、咸、鲜、麻这七种味道。在进行口味创新的时候，我们可以合理运用这七种味道，变幻出千百种不同滋味。

（1）利用原材料本身的味道调制，根据食材的风味和特性，在原有基础上进行食材种类的增减，创新搭配形成不一般的口味。

（2）结合多种调味品的味道进行创新，利用中西餐品的各种调味品来改变食材原有的味道，从而复合形成多种美味菜肴。

比如"喜茶"的芝士奶盖茶，结合了年轻人喜爱的、在西餐中常见的用来提升菜品口味和丰富口感的芝士，在传统奶茶的基础上做出了创新，得到了一种比普通奶茶更厚重、更变化多端的味道，迎合了当下年轻人的口感，成为新式茶饮中极具独特性的一款产品。

2. 变换的形态

菜品的形态是可以变换的，借助各种道具和器械将同一种食材打造出不同的形态。举例来说，黄瓜就可以变换成黄瓜丝、黄瓜片、黄瓜丁，漂亮的菜品形态往往更吸引人。

比如孔雀开屏鱼就是将一条普通的鱼（武昌鱼、乌头鱼等都可以）通过一定加工制作的流程，再加上小米椒、黄瓜、枸杞等进行点缀，摆成孔雀开屏的形状（见图4-2），看起来精致漂亮，十分吸引人。

图 4-2　孔雀开屏鱼

除此之外，我们还可以采用脱水、盐渍、冷冻等工序来改变食材的质地，比如腊肠、盐水鸭等，运用不同的方法来展现食材的多种味道和魅力。

3. 技术与美味的结合

烹饪手法的创新也是比较重要的一个环节。炒、煸、焖、煮等，采用的手法不同，菜品的口味就不同。

科技的发展，带来了很多新的手法，火燎、罐煮、锡纸等新鲜的手法给人眼前一亮的感觉。除此之外，我们也可以将中西方的烹饪手法相结合，不断进行改良、升级。比如同一种食材先炸后煮与先炸后蒸的口味就不一样。

阿拉伯地区有一种极具特色的食品，叫作 Khubz，我们一般称之为阿拉伯饼。这是一种类似于新疆烤馕的产品，但不同的是阿拉伯饼里面可以添加馅料，也正是因为内容丰富，阿拉伯饼的风味需要在一定温度下才能够完美展现，也就是我们常说的要趁热吃。但在传统的制作工艺中，需要一个一个的制作饼坯，然后添加馅料，逐一烤制，效率极低。而现在很多阿拉伯饼店进行了一种创新，将传统的厨房设备变成高度自动化的流水线。饼的烤炉连接着自动传送带,可以将烤好的大饼送达前厅。其中,传输路线也经过了设计,从屋顶上螺旋而下,当有顾客需要带馅料的大饼时,服务员就可以直接把大饼拿下来再把顾客需要的馅料卷好,送到顾客手中。而那些剩下的饼就直接传送回后厨。在整个过程中,对时间的把握都由系统控制,饼不会因为温度过高而变糊,也不会在传输过程中变凉。

4. 中西结合出爆款

中西餐的制作方法不同、食材不同、味道也各有侧重,但二者并不是势不两立的,甚至可以说偏重单一口味的西餐和复杂多变的中餐其实是两个互补的餐饮体系。如果我们把中餐和西餐结合,是不是有别样的趣味?

以榴莲比萨开拓者而闻名的"乐凯撒比萨",一直非常注重新品的研发,在中、西结合上也曾经做过很多尝试,比如红烧土豆比萨、宫保鸡丁比萨。2018年11月,"乐凯撒比萨"在深圳海岸城新推出了一家可以涮火锅的比萨店,店内推出了椰子鸡比萨、麻辣火锅比萨及冰淇淋比萨三款火锅比萨。这种将西方美食和我国传统美食相结合的方式,不仅吸引了众多消费者的目光,还使比萨口味变得越来越丰富。

5. 古色生香不能忘

我国的饮食文化由来已久,在历史的长河中很多名菜已经失传或销声匿迹,这些过去的菜品对于当下的消费者来说却是新鲜事物。模仿古菜品,只是对古菜的仿制,并不能完全照搬。挖掘古菜的传统技艺,对原材料的把握要做到有史有据。对于那些不科学的方法也可以改进,坚持使用那些具有地方特色和民族特色的菜品。

四川地区把扬州有名的清炖狮子头菜系引到本地,根据当地的风俗饮食习惯,将原来的烹饪方法"炖"改成了煎或炸,最后再采用红烧的方式烧制而成。狮子头的个头也有大小之分，大的取名为"红烧狮子头"，小的取名为"四喜丸子"。

想要留住顾客就要时刻保持新鲜感，消费者的口味是在不断变化的，我们只有抓住了消费者的"胃"，才能留住顾客的"心"。

4.4 创新原则：7条优秀产品设计准则

当我还在日本创业时，有人问我，"为什么要在日本做一个绝无仅有的药膳火锅？"道理其实很简单，这是我认可的优秀产品，而且是独一无二的。普通的产品争夺市场，精良的产品等待市场，而优秀的产品能够创造市场。

在我们的餐饮咨询工作中，产品设计也是重要的组成部分，通过对企业特点、市场偏好，以及消费者需求的整体把握，利用各色食材和独特的巧思，构建新的创意菜品。

我们曾为广西贵港的"徐小壮酸菜炒饭"做过产品创新设计。作为一家主营酸菜炒饭类产品的餐饮品牌，"徐小壮"的"单品为王"相对其他的综合式餐厅，品牌竞争力更加依赖产品，这也是"徐小壮"向我们咨询产品设计的原因。在接到这项工作之后，我们的咨询师对当地的食材市场、消费者的消费习惯等进行了调研，结合"徐小壮"的产品口味特性，研发了36款新的产品，最终从中选取了16款作为主力产品推向了市场。

在这次产品设计咨询过程中，"徐小壮"的创始人有一句话非常触动我，他说，"原来倾注了情感的美食，确实能让人感到幸福。"作为餐饮行业从业者，食物不仅是我们的产品和盈利的关键点，它也是我们和顾客沟通的媒介，无论餐饮企业的营销战略有多么出彩，品牌宣传有多么引人注目，如果产品不能吸引用户，企业的发展也是无本之木、无源之水，难以长久。推动创新战略成功的一个重要因素是成功的产品设计，它能够有效地巩固我们的品牌在消费者心目中的地位。

那餐饮企业应该如何进行产品设计呢？我总结了这些年在餐饮咨询工作中所积累的产品设计经验，得出以下七条优秀产品的设计准则，供大家借鉴。

1. 关联性

很多餐饮经营者认为产品要突出的就是口味，即能够满足消费者的味蕾。如果单纯从盈利的角度出发，我也认同这种观点。但如果你想要把自己的餐饮品牌做大、做强、做出影响力的话，产品要追求的就不应该只是口味，还要和品牌具有一定的关联性。让消费者在食用我们提供的产品的同时，脑海中也产生对品牌的印象。

在现在飞快的生活工作节奏中，越来越多的人选择以快餐作为主要的日常饮食消费方式。其中，很多知名的连锁快餐品牌，诸如"必胜客""达美乐比萨"等在快餐消费中占据了很大的比例。这类品牌的产品有一个突出的共同点就是产品都是以半成品的状态备好，客人点餐之后可以迅速出餐，但在这种追求效率的工作方式中，却又隐含着一种不符合对快餐"快"的需求的因素——包装。在"必胜客"或者类似品牌的店铺里有过消费经历的人一般都知道，它们的产品往往都是由单独的包装袋包好的，在包装袋上往往有品牌的LOGO、标语或者其他具有品牌标志的图案或文字。

虽然单独的包装能够方便外带的客人，但对于堂食客人来说，在即食的状态下，包装存在与否对卫生的影响并不大，而且顾客直接食用放在餐盘上的食物比一个个剥开包装袋更快捷。这些品牌之所以坚持使用外包装的主要原因，我认为是为了建立产品与品牌之间的联系，和其他同质化竞争的产品和品牌形成差异。

汉堡无论变成什么样子，都不过是"面包夹一切"；薯条的形式再多，也只是油炸土豆。对于主营这类产品的品牌，产品的差异只有细微的不同，这种细微的不同虽然能够影响消费者的偏好，但不足以形成品牌差异。很多人区分不开"肯德基"的香辣鸡腿堡和"麦当劳"的麦辣鸡腿堡，所以在产品设计上就需要形成差异，比如把包装作为产品的一部分，用包装来区分产品和品牌。

2. 独特性

根据我最近几年对于餐饮行业的观察，在现在的餐饮市场上，能够不惧竞争，始终保持存续并且稳步前进的餐饮企业，主要集中在拥有特色产品或特色服务的品牌。比如，提供特色咖啡团购服务的"连咖啡"、主营特色小腰烤串的"望京小腰"等。它们制胜的法宝，就是难以复制的品牌和产品的独特性。

炎热的夏季有两样东西让人难以割舍，一个是冷饮，一个是烧烤。烤是人类最早使用的烹饪方式之一，在我们的基因里，对烤制食物有着难以割舍的感情。而羊肉串作为烧烤永恒的主题，也一直倍受消费者青睐。但烤羊肉串作为大众食品，通常都只是主营烧烤的餐饮企业产品中的一环，但"阿拉提羊肉串"却把一个单品做成了品牌（见图4-3）。以天然牧场饲育的羔羊作为原料，只用最优质的部位制作羊肉串；同时建立了专门研究烤制的机构，不断提升烧烤技术的水平。由此，"阿拉提羊肉串"把一个平平无奇的产品，用极致的质量打造出了与众不同的竞争力。凭借独特的羊肉串产品，"阿拉提羊肉串"达到了最高日销10万串的销售奇迹。

独特的产品意味着独特的竞争力，同时也意味着在这个众口难调的餐饮市场中，有一部分人的需求只有你能满足。在店铺倒闭数量占到新开店铺数量九成以上的时代，没有什么比稳定的市场更能给经营者信心了。

图 4-3　阿拉提羊肉串

3. 具备给人留下深刻印象的记忆点

在我国的饮食文化中，不是所有的食物都能成为独特的存在，有的菜品有固有的口味和工艺，而且很多传统的味道至今仍然是人们所喜爱的，但固守传统又容易使产品失去吸引消费者的记忆点，陷入同质化竞争。

这个问题，在我服务过的传统菜式餐饮品牌中非常常见，经营者徘徊于创新与传统之间，摇摆不定，不知所措。而在我看来，是他们把创新想得太过狭隘，谁说创新就一定要从本质上进行改变，谁说传统与创新无法并存？

阿里巴巴的"未来智能餐厅"，每一张餐桌都是一个大型的触控屏幕，用户可以直接在桌面上观看菜品介绍，然后进行点菜操作，甚至在你消费过后，系统还会记录你的喜好，在你下次光临的时候直接进行智能推荐。在等餐的过程中你还可以在桌面上玩游戏消磨时间，用餐结束后直接扫描面部结算完就可以离开了。

在智能餐厅中，产品仍旧普通，还是原来的配方，还是原来的味道，却多了一点科技感，这就是智能餐厅产品的亮点。有的时候，创新只需要为产品增添一个令人印象深刻的点，比如特色的包装、独特的形状，甚至奇特的名称都能成为和其他同类产品区分开来的鲜明个性，成为相对独特的产品。

4. 连贯性

过去每逢过年，餐桌上总是大鱼大肉，无论是孩子还是大人看见了都欢欣鼓舞。而现在，鸡鸭鱼肉无人动，青菜豆腐却深得人心。人们饮食消费的偏好和习惯是不断变化的，所以优秀的产品需要具备连贯性，要不断地去适应这种变化。

比如某烤鸭店，在早些年烤鸭盛行的时候，店内主要以"挂炉明火烤制"的正宗北京烤鸭作为宣传噱头，并因此吸引了大量消费者。然而伴随着时代的变化，人们的消费理念发生了改变，由于明火烤制会导致烤鸭含有致癌物质，会对人们的身体健康构成威胁，因此不再受大家推崇。在这样的情况下，该烤鸭店又推出了全新制作方法，用先进的现代化设备制作烤鸭，同时为了满足当代人追求健康饮食的消费理念，推出了多款营养美味的老鸭汤，店内生意依然火爆。

5. 弹性

优秀产品的连贯性注定了它在未来是会不断变化和发展的，而且在现在全渠道营销的背景下产品要面向各种各样不同的领域，所以，优秀的产品必须具备强大的弹性，既能为未来的发展留出空间，又能适应各种形式的需求和媒介。

"小茗同学"是一款冷泡类茶饮饮料，在产品设计上追求文艺与搞笑并存的风格。不管是外观个性鲜明的颜色设计，还是不同口味所对应的文案都显示了年轻、娱乐的态度。而它的人格化形象设计也是动漫人物形象，可以用搞笑二字来形容。我给"小茗同学"的总结就是，不在一个领域走到头，而是涉足多个领域，产品弹性十足。这种弹性的产品设计使得"小茗同学"能够适应很多不同的场景，比如综艺节目的赞助、年轻人的聚会等。与此同时，在"小茗同学"的产品迭代中，人物形象和文案都提供了二次创作的平台。

6. 潮流性

在产品设计中，适当地添加潮流性的因素，可以借助社会热点的作用吸引消费者的关注，也更容易形成消费的潮流，形成品牌效应。

比如2019年国庆节，时值新中国成立70周年庆典，许多餐厅推出了国庆套餐及70周年专享产品，由此吸引了大量消费者。

7. 传播性

互联网时代，各种网络媒体平台大大加快了人们的社交频率，扩大了人们的社交范围，这对于餐饮企业的口碑营销是重要的优势条件。在设计产品时，尽可能的美观、个性或者出人意料，总之就是要具有传播性，让人产生分享的欲望，把产品宣传出去。

一道沙拉曾经在抖音和大家的朋友圈火爆，当人往盆栽中倒水时，盆里面的食材就仿佛有了生命一样迅速生长，这就是生长沙拉（见图4-4）。生长沙拉的创意引来了很多人围观，很多人甚至专门为了拍摄同样的短视频去体验这道神奇的菜品。

第 4 章
产品创新：菜品与服务，永远是核心

图 4-4　生长沙拉

这 7 条准则只是我所构筑的一个优秀产品的外部框架和基本形态，虽然具有普适性但并不具体，所以在实际操作中餐饮企业需要进一步结合自身和市场的特点进行细化和优化。

4.5　竞争分析：知己知彼，制定战胜对手的策略

很多餐饮企业在经营中都不得不面对众多的"隔壁老王"，他们偷走我们的顾客，抢占我们的市场。对于"隔壁老王"这类群体，很多餐饮企业经营者都会苦恼，一方面，大家都是餐饮行业的同行，每个人都有自己的酸甜苦

辣需要体谅；另一方面，作为竞争对手，每天看着顾客跑去"老王"的店里，难免会不高兴。

没办法，谁让市场就这么大，即便如此，仍有很多创业者打破脑袋往里钻。想要赢得这场餐饮攻坚战，战胜这些竞争对手，就必须研究透这些"隔壁老王"。

想要战胜对手，需要明确他们是谁。谁才是我们的竞争对手？他们火爆的具体原因是什么？和他们相比我们具有哪些优势？这些都是我们需要面对的问题。在企业的经营过程中，我们总是会遇到很多竞争对手，如果我们不能正确识别出来真正的对手，就会浪费大好的发展时机。

很多餐饮经营者会把周边所有的餐饮企业都当作竞争对手，这样的思路其实是不对的。你的竞争对手往往是与你的定位、营业时间、产品单价和消费客群有重叠关系的个体。比如你经营卖包子的店，却把对面主营火锅的店当作竞争对手，这样就错了。因为你们之间的定位和经营时间不一样，一个是早餐，一个是正餐。同时，一家200米之外的"肯德基"也不是你的竞争对手，因为其客单价远高于你，消费群体也不一样。你真正的竞争对手，应该是和你经营同一品类，提供和你相似服务的店。

找到了竞争对手，便可以制定战胜对手的策略了。

1. 分析市场定位，发现新的利益增长点

良好的市场定位能够帮助你完美地塑造企业特有的形象，也可以帮助你细分主要的消费群体或者市场需求，从而形成特有的竞争优势。

这里我说一下七喜成功逆袭的事件。在可乐品牌中一直都是可口可乐和百事可乐称霸，但市场并不是一成不变的，后起之秀七喜在对这两种产品的市场定位进行分析后，以"非可乐"碳酸饮料的品牌定位出现，要知道当时

在绝大多数人的认知中,碳酸饮料=可乐,因为除了可乐,几乎没有任何一款碳酸饮料走进人们视线,而七喜的出现恰到好处地填补了市场的空白并且借助该定位从这两个强势品牌的虎口下"夺食",让七喜一跃坐上碳酸饮料界的第三把交椅,成功逆袭。

2. 分析产品品类,打造产品差异

每个产品都有自己的基因,不同的餐饮团队生产出来的产品肯定是不一样的。

比较"麦当劳"和"肯德基"这两个品牌,从最开始进入我国市场到逐渐占有一席之地,两家企业在各方面都做出了尝试。在产品品类方面,"麦当劳"的本土化产品很少,但是"肯德基"为了满足我国消费者的口味,研发了很多丰富的产品,比如老北京鸡肉卷、玉米沙拉、川香辣子鸡等,符合各地区人们的不同口味。

3. 分析优势,碾压竞争对手

"人无完人",产品也会存在优缺点。就算是经营同一品类产品的企业也会存在差异。找到自己与对方不一样的东西并加以利用,你的优势是什么,你的卖点就是什么。做餐饮,拼的就是优势。不需要每样都做到最好,只要有特别突出的亮点就能够形成差异,吸引消费者。

"真功夫"的品牌标语是:营养还是蒸的好。这句标语直击"肯德基"等洋快餐品牌,就是针对西式快餐没有营养这一缺点来分析的。10多年来,"真功夫"结合中西餐的饮食习惯,以特色蒸品为主,迅速发展成为中式快餐的领头羊。按照这种卖点,让中西这两类品牌形成一种竞争,然后各自为战。

"巴奴毛肚火锅"发展到现在已经拥有一百多家连锁店。在进行竞品分析的时候,它主要是参考"海底捞"的服务战略,打出一面差异化的旗帜"服务不是巴奴的特色，毛肚和菌汤才是。"它采用这种差异化营销方式让自己成功地俘虏了消费客群，不愧为业界的营销高手（见图4-5）。

图4-5 巴奴毛肚火锅

4. 分析服务，另辟蹊径

餐饮行业也是服务行业的一部分。从服务、体验角度来分析，可以帮助企业提升自身的竞争优势。

"海底捞"的成功秘籍就是聚焦"服务"。火锅是在四川地区竞争最为激烈的餐饮业态，"五步一楼，十步一阁"有可能用来形容四川的火锅店再合适不过。在如此残酷的市场竞争中，"海底捞"的创始人通过对本土火锅店的对比分析得出结论，普通的火锅店没有服务，连基本的服务意识也没有，所谓的服务人员所做的只是引位、点菜、下单、结账这些工作，根本不符合餐饮服务行业的定位。所以"海底捞"把服务当作自己的"撒手锏"，开始聚焦"服务战略"，秉承着把顾客当作家人的口号，让员工变着法地感动顾客，就这样火爆了起来。

5. 外卖平台上的竞争

餐饮行业关于外卖的竞争，归根结底是对于流量的竞争，谁能获得更多用户的关注，谁就掌握了击败对手的武器。而对于外卖餐饮企业而言，获得用户关注的根本方法就是提高自己的曝光度。

提高曝光度的方法有很多，具体可以根据平台排名规则对店铺进行优化，从用户评价、产品销量、活动力度等多维度入手，全方位提高自己的店铺在外卖平台上的权重；多参加平台推出的活动，以争取更多的曝光机会；还可以参加竞价排名，简单来说就是花钱为自己在平台买一个较好的广告位。

做餐饮，只有将自己的竞争对手研究透彻才能在商战中获胜。所谓知己知彼，百战不殆。仔细研究那些"隔壁老王"，同时不断打磨自己的产品，不要忘记你在关注他们的同时，他们也在研究你。

4.6 合理定价：灵活组合菜品让定价更有利润

如果你正打算开一家餐厅，我相信，你肯定为定价而苦思冥想过。餐厅每一天的花费不少，如果把产品的价格定得太低，就有可能收不回成本；但是定得太高，又会让消费者不满，影响餐厅的营业额。难道真要实行薄利多销的价格战才能获得最终胜利吗？

当然不是。餐饮定价是一门非常精妙的学问，在价格面前，好像形形色色的促销方式都变得苍白，价格才是真正能够带动销售、增加利润的洪荒之力。

据我近几年对市场的关注和调研，目前很多产业都陷入了一种低价竞争漩涡，为了获得竞争优势，企业把利润一再降低，虽然保住了客源，却失去了继续前进的资金和资源支持。最终，那些被低价吸引来的顾客，同样会因为更低的价格离你而去。

产品的价格会直接影响企业的最终利益，定价也是企业进行营销的手段之一，在企业的经营过程中作用最直接、见效最快。我们可以停下来思考一下，既然价格的作用如此之大，那么定价对于企业来说到底有哪些实际意义呢？

1）定价决定企业的市场选择：在实际营销计划中，主要的营销对象最容易受到价格的影响。通常我们会把餐饮市场划分为高中低三个层次，因此消费者也会出现高中低端的分化。餐饮定价为什么重要？是因为定价其实就是定客群。不同的消费群体能够接受的定价肯定是不一样的，市场份额和发展前景也会不一样。价格的制定往往能够决定企业的市场选择。

2）定价影响企业的创新：商品的价格是影响消费者购买行为的最直观因素，从一定程度上讲，产品的定价决定着企业本身的利润，而利润的获取又直接作用于企业的未来发展。合理定价的企业能够获得较高的利润，企业后期才会舍得投入更多的经费去研发和创新，也就是说，定价能够影响企业未来的研发与创新工作，能够影响企业未来的发展。

作为咨询从业者，我们所接触的定价咨询也不在少数，根据经验，我总结了一些定价的窍门。

1. 亏本定价法：特价

在日本的很多餐饮店铺中，经营者会根据采购的食材和店铺的特色，在基本菜单上添加厨师推荐和特价商品。所谓特价商品，其实就是用主要食材以外或剩余的边角料加工的菜品，比如很多牛排店会把切割整块牛排剩余的边角料剁成肉馅，做成特价的汉堡肉排出售。虽然是特价商品，但这些产品和其他产品的质量并无二致，价格却是很低，基本就是亏本定价。

比如有一家海鲜餐厅，为了吸引顾客做过一次特价活动，餐厅里的虾星期一的时候一元钱一斤，星期二的时候两元钱一斤，依次类推。这种远远低于成本的价格成为这家餐厅的招牌，顾客也络绎不绝，餐厅吸引人的目的也很好地达到了。

做特价菜就要让顾客"吃惊",用极低的价格吸引消费者的注意力。但我相信很多餐饮企业的经营者会对此抱有疑虑,用远低于成本的价格定价,那我们如何营利呢?在解答这个问题之前,我们先要明确特价商品不是企业的主要营利产品,主要是作为一个吸引消费者的噱头。来餐厅就餐的人只点一道特价菜的概率不会很高,我们的利润完全可以从其他产品上补上。而且,即使顾客只点了一道特价菜,高质量的食用体验也会带来广泛的口碑传播,能够带来更多的用户和收益。

2. 尾数定价法:套路

尾数定价法主要是利用消费者想要购买廉价产品的心理,通常这种价格都是非整数的,并且以零头数结尾,让用户一看就有一种便宜的感觉,比如9.9元是不是比10元显得便宜。或者采用一些有吉祥寓意的数字来定价,如6或者8。

另外,我们在定价的时候应尽量少用整数,将高低价格不一样的产品最好分开排列。

比如,我们比较熟知的餐饮品牌"九毛九"就是利用了这样的定价策略。"九毛九"店内的菜品价格大多都是采用9.99元或者15.99元这样的方法定价。"九毛九"品牌的产品口味本身还不错,再加上价格优惠,自然就奠定了"九毛九"在消费者心里好吃不贵的品牌认知,很多人都愿意做回头客。

3. 低利润定价法:优惠

有的时候一些大众化的产品定价一定不能太高。因为脸熟产品大家都知道普遍的价格,比如一些佐酒的小菜,这样的产品本身价格就比较低,如果你把价位定得很高就会让顾客有一种"宰人"的感觉。但如果你低于普遍价位，即便是只低一点点，消费者也会感觉得到了优惠，你的餐厅在消费者心中也会被打上味美价廉的标签。

4. 套餐定价法：捆绑

合理使用不同产品组合的套餐定价，可以获得更多顾客青睐，不仅让顾客获得了优惠，还能帮助企业提高整体销量。

举个简单的例子，在某快餐店，一份盖饭的价格是15元，一份汤的价格是8元，一个卤蛋的价格是2元。而在点餐过程中，很少有人把这三样菜品全部点了，对于很多人而言，一份盖饭便足以满足其需求。但是该快餐店推出一个套餐，一份盖饭+一份汤+一个卤蛋，只需要21元，也就是说在盖饭价格的基础上只要再加6元就可以得到一份汤和一个卤蛋，这样的套餐组合会让消费者觉得很实惠，购买的人自然就多了，这三样产品的销量也就得到了较大的提高。

5. 特色产品定价法：盈利

通常情况下，特色菜是一家餐饮品牌立足的根本，是餐厅的优势所在，本就是为了实现利润的，贵有贵的道理。所谓的特色菜就是别人没有而我有，别人有而我精的产品。这种产品的定价就可以定得高一点，要让顾客明白贵有贵的道理。

特色菜的定价高，也可以弥补其他产品定价低的不足，能够让消费者形成记忆点，从而保证餐厅整体的利润。

6. 品牌溢价定价法：超值

产品定价除了需要考虑成本之外，还应该考虑消费者的心理预期，也就是我们平时所说的品牌溢价。

"星巴克"是最典型的案例，"星巴克"的咖啡卖得很贵。这是因为"星巴克"在我国市场前期的品牌宣传做得好。"星巴克"为顾客提供的咖啡文化以及服务都提前为消费者制造了一种心理预期，认为星巴克很贵。

有的网友说："手中拿的星巴克就是面子"。这就表明了产品定价也需要考虑品牌溢价。

产品定价，绝不是在产品畅销的时候就定高价，在滞销的时候就降价。我们需要根据产品的主要特性和价值来决定。一味地降价虽然销售效果立竿见影，但是长期使用也会引起餐饮企业的"不适"。

4.7　周到服务：创造超出用户预期的体验

曾有教育学家说过："成功的体验是一种巨大的情结力量"。什么是体验？我个人认为，就是用户在就餐时的心理感觉。如果能让顾客感动、对你的餐厅记忆犹新，那你肯定为他提供了超出预期的体验。

所谓消费者体验，我认为有三部曲：来之前有所期待，来时有惊喜，走之后有谈论（见图4-6）。

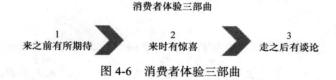

图4-6　消费者体验三部曲

这里的来时有惊喜，就要求我们能够创造出超出消费者预期的体验。超出消费者预期的体验是非常具有杀伤力的营销方式，情理之中、意料之外就是额外的惊喜。这种惊喜会为企业带来差异化形象，从而带来无形的消费者凝聚力，为自己的品牌带来新的竞争力。那么想要打造超出消费者预期的体验，我们应该如何操作呢？

众所周知，日式服务非常细致，甚至到了让人惊讶的程度。相信去过日本的人，对当地餐厅的服务一定感触颇深：随便走进一家餐厅，店员都会一字排开向你鞠躬；脱鞋后，会有专门人员来收拾你的鞋；在用餐过程中，当你有问题，服务人员无论在忙什么，都会立刻停下来回答；所有餐厅的洗手间，都会为带孩子的妈妈提供放置婴儿的地方……

如果产品的质量没问题，再加上一定的人文关怀，一定会让消费者成为你的忠实粉丝。我前面也讲过，餐饮品牌要走向人格化，为的也是让消费者感受到产品背后情感的温度。就像在很多日本美食动漫里出现的场景一样，用再名贵的食材制作的美食如果它没有灵魂也不能深入人心，简单的食物倾注了感情也会让人感动，所以为顾客打造不一样的情感体验也很重要。

如今顾客往往希望餐厅多点人情味，餐厅在给消费者提供高品质菜品的同时，让消费者感受到真诚的爱，这样的情感才够分量，这样的营销才够真切。

在情感上下功夫，会让消费者感动和惊喜，有惊喜就是带来了超出预期的体验，这样才能将自己的品牌渗透到消费者的心里，赢得更多消费者的信任。这一点，"星巴克"就做得很好。

"星巴克"注重打造消费者体验，把每个顾客的名字都写在咖啡杯上，虽然不送餐到桌子上，但是员工会为有需求的顾客提供帮助，比如会提供一块尿不湿，会帮助带孩子的妈妈温热奶瓶，还会为那些需要帮助的人提供食物等。

对于企业而言，标准化的服务毋庸置疑，但是个性化的服务更能凸显企业的优势。比如能够在消费者需要之前就洞察其所需，并且提供解决方案，一定会给消费者留下深刻印象，积累良好的口碑，从而刺激他们回购。这一点，我们可以效仿大龙燚的个性化服务。

说到成都的火锅，大家可能都会想到"大龙燚"。"大龙燚"为顾客提供暖心的个性化服务，现在很多餐厅都具备Wi-Fi，但是人一多就连不上，而大龙燚的每家分店都有专业的无线路由器，只要连上其中一家，其他分店的Wi-Fi便都能直接连上。

除此之外，"大龙燚"结合很多现实需求，为不同的顾客提供个性化服务。对于带孩子来消费的顾客，大龙燚会推荐一种别出心裁的婴儿室专供那些带着孩子来的顾客使用。

站在顾客的角度解决问题，大龙燚还推出了半份菜。半份菜的价格是一份菜的一半，没有加价。如果就餐人数很少，顾客可以点半份菜，不至于浪费，也能品尝到更多品种的菜品。还有在雾霾天气，店铺提供送猪血的活动，这些个性化的服务增加了顾客的意外体验感，赢得了用户的认可，所以店铺才会有那么多的"火锅迷"支持。

关于用户体验的问题我就先介绍这些。社会总是不断变化的，人们的需求也是在不断地变化着，唯一不变的就是用户的体验。超出预期的用户体验是餐饮企业设计的灵魂，能够给企业带来很好的市场收益，更能通过口碑传播打开未来的经营之路。

4.8　完善售后：赢得用户的认可

2019年，某品牌的速冻水饺出现了质量问题，消费者发起了一波维权的攻势。随着人们维权意识的上升，人们对消费之后的售后服务的重视程度也在逐渐上升，很多餐饮企业也正在经历这个过程。

我们都知道，对于餐饮企业来说，服务是一个全面系统的工程，包括餐饮工作的一切环节。社会消费不断升级，消费者的体验也越来越多元化，他们不仅重视产品的质量和用餐体验，还重视售后服务。在我多年的咨询工作中，很多餐饮企业都没意识到售后的重要性。那么企业的售后服务到底有没有意义呢？

答案是必然的。首先，良好的售后服务更容易赢得消费者的认可，加强企业与消费者之间的信赖关系，促成下一次消费的完成。其次，周到的售后服务可以帮助企业提高信誉，塑造完美的企业形象（见图4-7）。

图4-7　消费者购买角色的转换

商场如战场，没有永远的朋友，只有永远的利益。很多商人都认为商业的本质是竞争，是获取利益，无关忠诚。但是，我并不认同这种看法，利益在一定程度上取决于忠诚，消费者对你的忠诚度越高，能够提供的个人消费量也就越高，与此同时企业口碑传播的效果也会越好，你能获得的利益也就越多。因此，我们在经营过程中一定要重视用户忠诚度的培养，而要培养用户忠诚度，完善的售后工作非常重要。

既然售后的作用如此强大，那么我们应该如何为顾客提供良好的售后服务呢？

为顾客提供优质售后服务，首先需要正确处理顾客的建议和投诉。只要有销售行为，就会同时出现各种投诉问题或者与顾客有关的问题。松下幸之助说:"顾客的批评意见应视为神圣的语言,任何批评意见都应乐于接受。"良好的售后第一步就是正确处理顾客提出的问题。

在处理这些问题的时候,需要耐心倾听,尽量让顾客把问题指出来,并补偿到位。具体做法我们还是以大龙燚为例来讲。

"大龙燚"一直秉承着让世界爱上成都味的原则,为消费者提供最原始的火锅风味,并且为顾客提供了"像对待家人一样接待"的服务,非常热情和贴心。

"大龙燚"的服务还体现在它总是能够站在消费者的角度提供服务,并且特别重视和网友的互动,在微博和微信平台随时听取顾客的反馈和建议,还能在第一时间进行处理。比如有一次有网友在就餐时产生了不愉快的体验,当时就到网上吐槽投诉,结果在其还没有离开餐桌的时候,"大龙燚"就专门派人对其所反映的问题进行了处理,这样快速地解决问题,让顾客觉得很不可思议。这样的售后,也让顾客有了不一样的体验。

其次,在售后工作中,服务人员与顾客的交流是不可避免的。面对顾客的建议和投诉,服务人员的态度应该是"有则改之,无则加勉",而不是据理力争,和顾客拼个输赢。出现这种情况往往是因为服务人员的意识不够,很多时候没有摆正自己的位置。那么如何让员工提升服务意识呢?那就是善用激励。

在公司的政策下为员工做好激励机制,按照比例来奖励。员工做得好,收到的表扬多得到的奖金就多;员工做得不好,收到的投诉多,就会扣一些奖金。让员工知道服务的好坏直接关系自己的利益,变被动服务为主动服务。具体做法可以参考以下这家店的服务。

在目前的餐饮行业中,餐厅都会提供打包服务,但是对于宴请客人的人来说，当着客人的面要求服务员打包是一种"跌份"的行为，所以宴请客人的人往往不好意思开口要求打包。在相对高档次的消费场所，这种情况尤为突出。

我曾经带着家人和朋友在一家中餐厅就餐，用完餐后菜品还剩下很多，但在我开口提出要打包的要求之前，负责这个区域的服务员就已经拿过来几个打包盒。虽然只是一件小事，但却让我感受到餐厅对顾客的关怀和高质量的服务。

想人之所想，急人之所急，主动服务的前提是理解顾客，发现顾客的不同需求。有的时候，不同顾客的要求会不一致，我们必须多换位思考，站在顾客的立场上来考虑问题，了解每一位顾客的具体需求，提供针对性的售后服务。

比如我们都知道，在火锅店吃完火锅，嘴里会留下很重的火锅味道，所以很多火锅店在顾客结账的时候，会赠送一块口香糖，帮助顾客去除口中的油腻味道，很多酒店，考虑到顾客在喝完酒之后不能自己开车，结账的时候前台会提供代为联系代驾或出租车的服务。

除了这些以外，很多外卖餐厅的售后服务也着实令人眼前一亮，在点餐高峰期，像麻辣烫之类的产品出现品类的遗漏非常正常，所以很多商家在外卖平台提出，发现遗漏，顾客可以直接申请缺少商品的退款。这种完全信任顾客的售后服务会给顾客一种强烈的心理暗示，会对商家产生不可逆的好感。这样的服务让顾客觉得自己被尊重，也感到十分惊喜，试问谁不喜欢呢？

售后服务还体现在很多方面，但是通过以上几点足以看出，一个企业如果能够提供良好的售后服务，会有更大的概率得到顾客的认可。售后服务虽然不能为企业带来直接的经济效益，但是却把握着企业信誉的命脉。

第 5 章

渠道创新：
用零售的思维看餐饮

如今，大多数人都忙于获取信息，生怕成为脱离时代的人。同时，信息的大范围飞速传播，造就了一批挑剔的顾客。这个时代，对于餐饮企业而言是喜忧参半的，忧的是要花费更高的成本去吸引顾客，喜的是有了更多的渠道去宣传和销售。前者是不得不接受的不可逆趋势，而后者则是创新发展的新机遇。

5.1 网络浪潮：
未来十年，餐饮行业与互联网将进一步融合

现在的人，早上醒来的第一件事就是拿起手机，晚上睡前的最后一件事就是放下手机，即便没有成为网络的奴隶，人们的生活也确确实实被网络深刻地影响着。

很多传统餐饮企业的经营者都在抱怨，互联网给其他行业带来了发展的机会，却给餐饮行业"穿了小鞋"，保持传统就会被网络订餐、外卖配送分流走一大批用户，加入团购、外卖业务却又压缩了自己的利润空间，始终找不到一个两全之策。

在我看来，餐饮企业与互联网的融合是未来发展的潮流，一味地固守传统，结果也只能是看着顾客逐渐减少，然后只留忠实顾客苟延残喘，最后坐吃山空。胳膊拧不过大腿，个体也干不倒市场，在市场变革的浪潮中，最先被淘汰的永远是止步不前的人。

不管在什么年代，新鲜事物的出现都是对传统的挑战。但现在，互联网发展的深度和广度已经到达一个极高的层次，形成了席卷整个市场经济的滔天巨浪，企业的经营与互联网的融合不再只是一个趋势，更准确的说法应该是刻不容缓。那些恐惧变革，担心与网络的融合会导致利润缩水的餐饮企业经营者，都是一些目光短浅之人，只关注到网络订餐业务，却忽视了网络带来的其他利益。

对于餐饮企业而言，网络带来的变化主要集中在渠道扩张上，进货渠道、用户渠道、宣传渠道和销售渠道都增加了至少一种选择。如果餐饮企业能够把握住这种新的渠道，通过渠道创新找到合理利用网络的方法，那么网络会带给餐饮企业脱胎换骨般的全方位提升。

1. 进货渠道

我以前认为，级别更高的厨师能够料理档次更高的食材，但后来有一个特级厨师却说，他们的考核只考两道菜，一道是醋熘土豆丝，另一道是炝炒圆白菜。因为高级的食材，如鲍鱼、燕窝等，不需要过多的技术，简单的处理就能有出色的味道，这是食材自身的品质。而家常菜的原料普通，想要做出惊艳的味道，考验的才是手艺。所以业内人总是说，一道菜好不好吃，五分看食材，三分看手艺，两分看心情。对于餐饮企业来说，食材的重要性不言而喻。

在过去，餐饮企业采购食材主要是在周边的菜市场，除了节省时间和运费以外，还有一个重要的原因就是信息流通性差，对其他地区的食材市场不甚了解。而网络的出现改变了这种局面，企业可以通过网络获取不同地区食材市场的价格、质量、运费等各方面的信息，综合自己企业的需求，选择最优进货渠道。

比如现在很多川、渝火锅品牌都选择在原产地购买香料和调味料，"川宝蓉"肥肠粉这种主打川味粉面的餐饮品牌，也是在原产地四川购买红薯粉原料，为的是保证菜品的正宗味道。而这些采购的活动，其中很大一部分是通过网络直接进行的，还有一部分是通过网络获取的信息然后到产地订购的，但无论如何没有网络的辅助，这些食材采购的难度会大大上升，成本也会因此增加。

2. 用户渠道和宣传渠道

餐饮企业的消费人群以年轻群体为主，而这部分人又恰好是受网络影响最深远的一代人，外卖在他们的饮食结构中占据很大的比重，即便外出就餐也大多是根据网络上的点评和推荐选择餐厅。同时，这个年龄层次的人群正处于社交欲望的旺盛期，乐于分享在生活中发生的一切，也包括点赞一家好的餐厅甚至一道美味的食物。

这其实就为餐饮企业开拓用户渠道和宣传渠道创造了条件，通过与外卖或团购网络平台的合作，利用KOL（Key Opinion Leader，关键意见领袖）和吃播播主的影响力能够有更多的机会吸引更多的用户，即使单位利润被压缩，增加的用户数量在一定程度上也能够保证总体利润的平衡。

与此同时，企业如果能够在产品和环境上再努力一把，就能够激发用户的分享活动。星星之火，可以燎原，一点一滴的分享最终都会形成品牌的口碑。

3. 销售渠道

在互联网的推动下，各种新零售业态呈现出蓬勃的发展态势，科学技术的发展和应用更是进一步促进了渠道的变革，为餐饮企业创造了更多的销售渠道。

比如阿里巴巴推出的"盒马鲜生"，就是阿里巴巴在线下新零售业态中布局的重要一环。在"盒马鲜生"，我们既可以亲自到店购买，也可以借助网络在"盒马鲜生"的App下单，由"盒马鲜生"工作人员配送到家，"门店附近3公里范围内，30分钟送货上门"一直是盒马鲜生最大的特点。

永辉超市推出的"超级物种"和"盒马鲜生"也有很多类似的地方，其采用的是"高端超市+生鲜餐饮+O2O"混合业态销售模式，依托着大数据、人工智能等核心技术，"超级物种"不但支持消费者直接在店内选购食材，也鼓励消费者将食材在店内进行相应加工并享用。简单来说，"超级物种"的出现就是将餐饮和超市合二为一。对于消费者而言，这种操作模式可以帮其同时解决超市购物和用餐两个问题，从而极大地节约成本。

总体而言互联网的出现彻底改变了之前以传统零售业大卖场和大超市为

主的销售渠道模式，开始呈现多元化、智能化的发展趋势。网络改变了我们关注生活的方式，也改变了生活消费的方式，而餐饮作为生活消费的一部分，注定要和网络之间产生无限的交集，虽然现在餐饮企业与网络的融合还处于一个基本阶段，与其说是融合，不如说是合作。但我能肯定，在未来，餐饮企业和网络之间将会有更进一步的融合。

其实移动互联网的普及也就是近十几年发生的事情。2008年，安卓系统的问世拉开了智能手机辉煌的序幕。随着智能手机取代功能手机成为人们使用的主流通信工具，网络对人们的影响也不再局限于笨重的以计算机作为介质，而是以一种更简单、更及时、更易得的方式迅速扩展开。十几年的时间，移动互联网做到了从无到有，那我也有理由相信，在接下来的十年里，这种进一步的融合也能够成功实现。

5.2 零售餐饮：
"全零售" = 门店 + 外带 + 自提 + 外卖 + 食品化

近几年，互联网企业中的佼佼者，如阿里巴巴、京东等，都不约而同地意识到了一个问题：未来将不会再有互联网企业。这句话并不是如字面意思那么简单，它真正表明的是，未来所有的企业都会与互联网相关联，互联网企业和传统企业的所谓区别也就不存在了。

互联网企业的用户增长红利期已经逐渐消失，越来越多的传统企业开始"触网"，互联网企业建立的用户和市场优势在未来可能要消失殆尽。为了应对这种情况，一些有前瞻性的互联网企业提出了"新零售""无界零售"等概念，虽然名称不同，但表达的意思基本一致，就是要通过所有合法合理的、能够使用的渠道来销售产品。

将这种渠道创新的方法推广到餐饮行业，我认为应该是一种"全零售"的模式，按照消费者的类型划分渠道，然后根据每个渠道不同的特点制定营销方案，最后综合利用所有渠道，实现餐饮"全零售"（见图 5-1）。

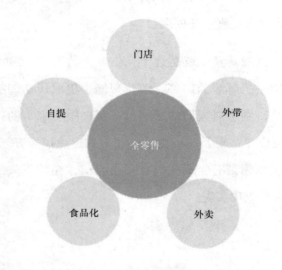

图 5-1　餐饮全零售模式

1. 门店

在互联网出现之前，堂食是餐饮企业主要的营销渠道，但自从网络订餐服务出现之后，堂食的用户数量已经急剧下降。有的餐饮企业选择用激进的战略来克服这种情况，他们把自己的店面一再缩减，甚至发展出不提供堂食，只提供外带和外卖服务的餐饮店铺。

我个人不敢苟同这种方式，堂食的数量虽然在下降，但我认为堂食的意义却在加深。因为，堂食的社交功能是外送服务所不能取代的。当我们一个人进行餐饮消费的时候，通常会选择外卖的形式，但如果是多人一起就餐的话，大多数人还是会选择堂食。换句话说就是，外卖的出现精简了堂食的消费者类型，进一步突出了堂食的社交属性。

"莫尔顿牛排坊"是一家主打美式牛排的传统西餐厅,在国内也有数量不少的分店,其中上海店被称为上海情侣约会必去的地点之一。曾经其经营者邀请我去店内用餐,从进门开始,"莫尔顿牛排坊"给我留下的第一印象就是安静,虽然内部空间很大,但座位的排列错落有致,人与人之间也不会产生干扰。除了大堂以外,还设计有适合不同人数的包厢和露台卡座,从露台望出去可以看到上海的地标建筑——东方明珠电视塔,晚上还能欣赏到美丽的外滩夜景。"莫尔顿牛排坊"独特的环境和氛围,成为情侣就餐的热门去处。

会选择堂食的顾客通常都抱有某种社交目的,而他们选择餐厅主要考察的是餐厅的环境和氛围能否帮助他们实现这种社交目的。也就是说,选择堂食的顾客在意的不只是餐饮企业提供的菜品,更主要的是餐厅的环境和氛围。所以,针对堂食型用户的营销方案应该是在餐厅的店铺装修、细节装饰、氛围营造上做功课。比如,更温暖的灯光色调、随处可见的温馨细节、优美的背景音乐、拉近距离的卡座设计等,总而言之就是要打造一个适合人与人之间亲密交流的环境,营造舒适、无距离感的氛围。

提到家居市场,相信大家对于"宜家家居"这个品牌并不陌生,但很多人不知道的是"宜家家居"餐厅也非常有名,甚至很多人去"宜家家居"就是专门为其餐厅而去。据宜家官方数据统计,2018年宜家在我国的总营收为147亿元,其中宜家餐饮贡献达到了10%。宜家餐厅之所以能够如此成功,除了美食之外,一个很重要的原因就是其氛围的打造,舒适的座位、可口的美食,一家人在宜家选购家具完毕后,可以在餐厅一边休息,一边品尝美食,享受难得的惬意时光。

2. 外带

选择外带这种形式的顾客其实是堂食型顾客的一种延伸,因为他们习惯于去餐厅进行消费,而不是让外卖直接送到家里。但他们又与堂食型顾客有根本的区别，因为他们会把食物带到家里或单位，而不是在餐厅中直接食用。造成这种差异的原因，其实就是时间的问题。堂食本身就是一个点餐、等待、出餐、用餐的流程，但外带的用户通常是没有时间在餐厅用餐的上班族，或者是不方便在外就餐的老人和孩子，所以会选择在紧凑的时间内外带，不选择更便利的外卖形式，而是自己去餐厅打包，说明外带型顾客其实是产品指向型。

针对这类顾客我们要做的其实就是一点，即保证外带食品的口感、味道、质量都能够与堂食相媲美。但我们都知道，在菜品制作完成之后，随着时间的推移、温度的降低，菜品的风味会不断变化，所以餐饮企业要选择适合产品特点的打包工具，建立完善的打包流程，尽量保持产品的质量在外带的过程中不会过分损耗，才能吸引并留住因产品而存在的外带型顾客。

3. 自提

自提顾客的表现形式和外带型顾客基本相同，都是自己去餐厅打包菜品，但是两者的本质完全不同，外带是线下消费，而自提是在外卖平台上订购后直接去餐厅取餐，属于线上消费。

有很多人不理解自提顾客的消费方式，既然选择了网络订餐，为什么不选择外送服务，而是自己实地取餐。在我看来，使用网络订餐只是一种消费习惯，很多年轻人喜欢从网络上购物，并不是因为实体店没有类似的商品，也不是因为实体店的价格更高，单纯就是因为习惯。而且选择网络预定的方式，产品会在你到达之前就准备好，比到店消费或等待外卖的效率会提高不少。此外，我们也可以提前点餐，然后在上下班路上顺道自提，这样方便省事，比外卖更能准确掌握就餐时间。

对于追求效率的自提顾客，餐饮企业应该把握好从下单到自提的时间，不要过早准备，导致食物冷却，也不要等时间快到了才开始制作，让自提顾客在店里等待。

自提顾客通常都是在店铺周边居住或工作，不然也不会有自提的条件，距离相对远的用户一般会选择外卖而不是自提。这样的顾客是具有发展成忠实顾客的条件的，在自提的商品中，加入一些小的赠品，或者在服务的过程中，进行友好的交流，都能增加自提型顾客对企业的好感，久而久之就会成为忠实顾客。

除了以上两点，还有一点需要特别注意，自提是外卖的衍生功能，在外卖平台上针对自提顾客提供相应的优惠，能够吸引更多的自提业务。

4. 外卖

相对于其他几个类型的餐饮营销渠道，外卖应该是现在顾客数量最多的一种形式，是顾客在网络平台上选择餐厅和菜品，然后平台或餐厅提供配送上门服务。这种形式在主要的年轻消费群体中颇受欢迎，主要的原因是现在的年轻人有烹饪能力的少之又少，而且大多数人都是上班族，在饮食上追求一种快速、便捷的节奏。而外卖的出现，正好满足了这类顾客的要求。

"瑞幸咖啡"这个品牌的出现和崛起证明了外卖已经成为餐饮消费的主要渠道。咖啡在我们的传统印象中，是一种小资的饮料，所以很多咖啡品牌都会选择以一种高质量、高消费的形象出现在消费者面前。繁华市区的黄金地段，奢华或文艺的装修风格，整洁安静的环境，蓝调或爵士音乐几乎是我国咖啡店的标配。但这些品牌都没能超越"星巴克"，因为无论你怎么追求产品质量、消费体验，在这些领域拥有更多经验和方法的"星巴克"总能走到你的前面。

相比之下，"瑞幸咖啡"就很聪明，它避开了传统咖啡品牌的舒适区，选择了一种避重就轻、扬长避短的打法，把主要的卖点转移到买一送一的补贴手段上,并通过外卖的手段,将用户需要的产品直接送到他手上,这是传统咖啡品牌所不具备的优点。而这种方便快捷的方式,又恰好适应了现在年轻人的消费习惯,"瑞幸咖啡"的火爆也就成了自然而然的事情。

对于餐饮企业而言,无论是选择与外卖平台合作,还是自营外送服务,都需要强调外送的速度和效率,这对于追求便捷的顾客是最重要的影响因素。同时,也要保证产品的质量和味道,虽然外卖渠道顾客的主要需求是便利性,但味道不好的话,也会影响顾客的心情和体验。

5. 食品化

这里的食品化可以分两个维度来解释:食品餐饮化和餐饮食品化。

食品餐饮化主要针对的是提供餐饮原料或半成品的企业,可以对所经营的产品进行进一步加工,实现多种经营,既能增加附加值,也能吸引更多不同类型的顾客。

比如康师傅牛肉面馆。我们知道在方便面品类中,"康师傅"是绝对的领军品牌,具有较强的影响力。而"康师傅"品牌就是利用其这种影响力,将其产品转化成新鲜的牛肉面,为企业发展打开了另一道门,以加强其在餐饮领域的竞争力。

与食品餐饮化相反,餐饮食品化是指餐饮品牌在经过一段时间的发展,积累了一定品牌势能之后,对自己的部分产品进行加工,借助电商渠道进行出售,以实现品牌规模的进一步扩张。

比如"海底捞""小龙坎"(见图5-2)"巴奴"等火锅店均在天猫上开设了店铺,出售火锅底料、方便火锅、方便粉丝等产品。

图 5-2 "小龙坎"在天猫上出售其部分方便产品

餐饮的"全零售",实际就是将以上几种不同渠道的营销方式进行全面的综合运用,以期在所有领域都能够实现无差别的销售。但不同的企业有不同的侧重,有的企业在线下端拥有雄厚的实力,有的企业在网络上有着非同寻常的影响力,所以并不一定要强求全部的渠道,适合你的渠道才是最好的。

5.3 渠道新贵:选择合理的外卖餐饮运营模式

以前,渠道竞争只需集中在传统门店的顾客抢夺上,只要产品足够好,性价比足够高,就可以获得一大批忠实消费者。然而,互联网时代的到来改变了人们的消费观念和消费方式，从而催生了消费渠道的变革。在这场渠道变革中，我们更多地要思考如何在传统门店以外使产品的销售方式更加贴近消费者，为消费者提供更加便利的消费渠道。

不管我们是否愿意，也不管我们是否感到恐惧，我们都无法抵挡渠道变革的到来，我们只能尽力去适应这种变革，并从中走出一条属于自己的发展之路。新时代的商业法则，不进则退，如果我们不能够顺应时代变化，对自身做出相应调整，就是坐以待毙。

2018年，"星巴克"的外送软件在各大应用市场上线，作为一家坚持品牌调性和产品体验的传统餐饮企业，"星巴克"最初对网络和外送的态度是抵触的，他们坚持认为，"星巴克"咖啡不是一杯单纯的饮品，而是综合了产品、环境、服务的多重享受。当然，从它自身的品牌高度和产品特性出发，这种战略定位可以说是非常准确的，但是一些外部不可控因素却没有得到重视。

"瑞幸咖啡"等利用产业布局，主打网络订购、高效配送服务的咖啡品牌的横空出世，对"星巴克"的实体市场产生了巨大的冲击。虽然人们依然认同"星巴克"的产品和品牌，但这并不意味着人们愿意放弃网络的便利，花费更多的时间去"星巴克"实体连锁店进行消费。于是，"星巴克"遭遇了自进入我国市场以来非常糟糕的一段时间，看着用户一点点地被蚕食，而自己的坚持也没有换来销量的回暖。最终，"星巴克"还是选择了妥协，在保持传统的基础上，接受了与网络的融合，准备在新的市场与其他品牌再战。

谈到渠道创新，这里我们就必须再提一下外卖业务。在我们的常规认知里，外卖能够提供的只是一些普通，甚至低档次的产品，但随着类似"全聚德""西少爷""金百万"等知名餐饮品牌入驻，外卖已经成为覆盖各个档次、各种类型餐饮消费的销售渠道。在餐饮的零售化中，外卖也当仁不让地成为典型场景。

1. 网络外卖平台

对于一些中小型餐饮企业来说，与网络外卖平台合作应该是最常见的方式。外卖平台有两个突出的优点：第一，其已经具备完善的物流服务系统，比如美团的骑手智能配送系统，能够直接提供完善的外卖服务；第二，其拥有庞大的外送团队、成熟的人员管理和分配系统，不需要餐饮企业额外在外卖业务上付出精力。除此之外，通过和外卖平台合作，可以利用其知名度打造企业自身在外卖业务上的专业性，对于品牌影响力的建设有积极的作用。

但与外卖平台合作也并非有百利而无一害，有利必有弊。和外卖平台合作，就要承担产品在外送过程中出现问题的不可控风险，而一旦发生菜品包装破损或质量下降引起消费者不满，虽然是平台的问题，餐饮企业一样要面对消费者的质疑和差评。而且，外卖平台的收费标准是按照餐饮企业每月营业额的22%来收费的，合作成本也比较高。

所以，企业是否应选择通过平台拓展自己的外卖业务，需要从整体的角度考虑，如企业现状、市场潜力、利润分配等。如果选择与网络外卖平台合作，也要根据所在市场的特点选择平台。现在的外卖平台，基本是美团和饿了么两家平分市场，但在不同的城市，两个平台的口碑、市场占有率、服务覆盖面积、配送人员数量、服务费用标准等都会有差异，所以商家要根据自己在这些方面具体的需求选择合适的平台。

2. 自营配送服务

当然，外卖平台也不是适合配送所有类型餐饮企业的产品，比如火锅类产品的外卖，一般都会包含锅、火炉、底料，及所有配菜，一次配送的量相对较大，而且也需要专业的打包工具和专门的配送装备，所以不适合外卖平台进行配送。在这种情况下，经营类似产品的餐饮企业若不想放过网络这个广阔的市场，便会选择自营配送服务。

"淘汰郎"是一家非传统的火锅餐饮品牌，不同于其他火锅品牌把外卖作为自己的辅助业务，"淘汰郎"的核心产品就是外卖小火锅。

"淘汰郎"通过对传统火锅产品的改革，开发了适合外卖的火锅餐饮形式，用小锅代替大锅，用酒精炉取代火炉和电磁炉，既精简了配送物品，又降低了配送难度，同时小火锅的分量也更容易控制，能够适合不同人数的饭局。而且，在以往的火锅外卖中，消费者在用餐后，还需要通知餐厅的工作人员上门取回锅具和炉具，这不但是对餐厅资源的占用和成本的浪费，对于消费者本人来说也很不方便。在这一点上，"淘汰郎"的小火锅使用的铝制酒精锅具都是直接赠送的，虽然在一定程度上增加了成本，但无论是从用户体验还是方便餐厅的角度来说，都是利大于弊的方法。

凭借着有特色的火锅外卖服务，"淘汰郎"实现了月销3万单、覆盖百城的目标，在竞争激烈的火锅行业闯出了一片天下。

对于选择自营配送服务的餐饮企业来说，首先就是配送的质量，因为配送服务是你自己提供的，一旦出现问题，影响的也是你的企业在消费者心目中的形象和信誉。配送的质量包含两个方面，菜品的质量和配送的速度，既要快又要好，这才是合格的自营配送。这就要求餐饮企业建立严格的配送制度和完善的配送系统，责任到人，严格监督。在人员配置上也要注意，按照自己服务的市场范围、平均的订单数量和交通工具的速度划分区域，确定需要的配送人员数量，在人员的招募上也尽量选择熟悉本地街道和交通的人作为配送员。

其次，对于一些产品相对特殊的餐饮企业，要有针对性地对打包工具和产品进行改良。比如，一些面食产品的配送，可以提前将面出锅，用双层的打包盒将汤和面分装，这样菜品到达顾客手中的时候，面既不会坨在一起，也不会变软影响口感。

不管是和外卖平台合作，还是自营配送服务，都必须重视顾客的体验，虽然外卖本身追求的是便利，但也不能忽视产品的质量，不能因为是外送的食物，就忽略了最基本的安全和健康。在餐具和打包工具的选取上也要尽可能注意环保，即便只是一个细节也可能给消费者留下深刻的印象。

5.4 优美环境：打造舒适用餐空间

我国是一个饮食文化交流频繁的国家，在国内除了中餐以外，还有很多其他国家的特色美食生根发芽，比如各种品牌西餐厅。我发现，大多数西餐厅对环境和氛围的重视程度，甚至超过了对产品和服务质量的重视程度。用他们的话说，吃饭不只是满足生理需求，更多的是一种享受的过程。

我在前面讲到"全零售"的堂食渠道时，也提到过环境和氛围的重要性，能够促进餐饮社交功能的实现。但更直接的一方面是，优美的环境可以吸引用户。在处处追求"仪式感"的生活中，不够亮眼的餐厅里的产品再好，人们也不会产生消费的欲望；而风景独好的小店，即便店内产品有些许瑕疵，人们也可以看在"颜值"的份上予以谅解。现在就是这样一个"看脸"的时代！

虽然现在已经有很多开始重视外在形象的餐饮品牌，比如"姚酸菜鱼""宝珠奶酪"等，但传统餐饮企业还有很大一部分停留在打磨内在（也就是产品）的阶段。对于这类企业，打造优美环境的第一步就是改变传统思维，发现年轻人的乐趣所在。

比如主打京城家宴品牌的"四世同堂"，是老字号京味楼的升级品牌，在店铺环境的打造上，该品牌非常重视对老北京家文化的传播，用灰墙灰砖，兔爷、瓷器、皮影、纺织用具等各种各样老北京物件，结合"四世"谐音的"四狮"的北狮形象，再结合民国煤油灯倒置阵列、百家姓活字阵列等设计，可谓"京味"十足。在这里，可以边吃饭边欣赏京韵大鼓、捏糖人、拉洋片等现场表演，热闹非凡。

再举个简单的例子，"左庭右院"是一家主营潮汕牛肉火锅的连锁品牌，已经有60家左右的分店。除了特色鲜牛肉火锅，其装修和环境也是一大特色。各种曾经出现在香港电影中的门店招牌、复古洋楼都成为微缩景观。石质质感的墙壁，搭配艳丽红色的座椅、绿色的植物装饰，凸显出既庄重又活泼的氛围。虽然每家分店的装修特点都不一样，但对于环境的重视却是一致的。

在"左庭右院"之前也有很多其他牛肉火锅的品牌，但"左庭右院"的崛起速度和发展高度是其他品牌所不能比的。究其原因，我觉得是它发现了作为餐饮消费者主体的年轻人群对餐厅环境的重视，用别具一格的环境吸引用户，用高质量的产品留住用户，这就是"左庭右院"的成功之道。

所以，对于思维仍停留在过去，不愿意在环境布置上大费周章的餐饮企业经营者，需要迅速改变自己的思维，你面对的不再是寻求一道美味或果腹产品的消费者，而是一群在网络时代长大，对美好事物具有一定偏执的年轻人。只有符合年轻人志趣的风格，才能吸引关注，才可能形成消费的基础。

在思维转变之后，就需要确定主题。不同的餐饮企业有不同的目标用户，环境的设计也应该是因人而异的。如果一家情侣餐厅采用了一种冷色调或忧郁风格的装修，那环境可能会起到反作用。

现在很多年轻人都是动漫迷，日本的《龙珠》《海贼王》，国内的《秦时明月》《画江湖》等都是年轻人津津乐道的谈资。了解动漫的人应该都知道，与动漫相关的产业有很多，比如主题玩偶、主题游戏等，主题餐厅也是其中之一。比如，"富山面家"针对年轻人中的动漫爱好者，在上海做了一次哆啦

A梦快闪[1]活动。在为期两个月的时间内,"富山面家"将上海的五家店面,装饰成了"蓝胖子"的世界。以蓝白为主的配色,印着哆啦A梦形象的餐具和餐点,相关的人物形象被印制成海报或壁纸张贴,甚至餐桌都换成了哆啦A梦主题。这一活动,吸引了很多动漫的粉丝和主题周边的爱好者,在上海地区形成了轰动效应。

餐饮企业在做出环境主题的选择时,要确定两点,第一,选定的主题是年轻人青睐的;第二,主题要符合产品的特点,比如"富山面家"选择定期结合日本动漫主题进行市场营销,是因为它的产品也是以日式拉面为主,环境和产品能够很好地契合。

确定环境主题之后,要按照主题的设定进行装修和改造,但这并不是打造优美环境的最后一步,在这一切完成之后,还要对环境的各种细节进行打磨。

很多经营者都信奉细节决定成败的准则,如果是放到餐厅环境打造中,这句话也是金玉良言。环境是一个整体,而细节则是考验企业在环境建设上用心程度的因素,如果在一家复古主题的店里,出现了科技元素的装饰,会给顾客一种不协调的感觉,破坏环境的整体性,甚至引起顾客对餐厅、对品牌专业性的怀疑。完美契合环境的细节,是画龙点睛的亮点;草率的细节打磨,只会导致大意失荆州。

第一次听到"西面来风"这个名字的时候,我以为是一部小说或者电影的名字,怎么也没想到会是一家主营陕西面食的餐饮品牌。但在了解之后,我发现这个名字和它的产品非常贴切,"从西而来的面食,来去如风",听上去既文艺又豪迈。"西面来风"的环境设计也是主打质朴风格,尤其是在细节打磨上,风格表现得更加突出。随处可见的陕西农作物,作为装饰装点着餐厅;吊灯和顶灯周围都围满了稻草,显示出一种接地气的风格;四处可见的

---

[1] 快闪是一种短暂的艺术行为,指较多的人相聚在同一地方做统一指定行动的短暂行为,特点是无组织、有纪律,只有发起者没有组织者,成员均来自网络,基本互不认识。

极具陕西方言特色的标语，展现了秦陕文化的实在与厚重。

餐厅的环境虽然不能提升菜品和服务的质量，但从顾客感官的角度来看，却有提升餐厅整体印象的作用。所以，我希望无论是什么类型的餐饮企业，在完善产品、提升服务水平的同时，也要在环境建设上多用心。毕竟是门面担当，不够优秀总是会拖后腿。

互联网时代，许多餐饮品牌都在寻求创新。有人说"渠道为王"的时代已经成为历史，对于这个观点我并不是十分认同，准确来说应该是伴随着时代内外环境的变化，渠道也在不断更迭。而我们要做的，就是准确抓住并跟进这种变化趋势，对新兴渠道加以利用，并适当进行创新，为企业创造更多的利润。

第 6 章

营销创新：推广方式的全新定义

近年来，在泛娱乐的普及下，餐饮企业的营销观念和经营方式发生了翻天覆地的变化。"直播""网红""短视频"等新型传播方式冲击着人们的消费观念，在这个变幻莫测的浪潮中，无论是对消费者还是对餐饮企业，都是一次全新的体验，将带来前所未有的冲击。

6.1 互动分享：利用新媒体平台多与用户交流

现在人们的工作和生活大多离不开手机和电脑，那些热爱手机、平板电脑等电子产品的人，我称其为"低头族"。随着"低头族"越来越庞大，与手机有关的相关电子产业和娱乐产业发展得越来越迅速。

而作为新时代的引领者，"90后"和"00后"拥有巨大的消费潜力。对于整个餐饮界而言，年轻人就意味着新型的消费方式和不同的审美能力，他们喜欢拍照、打卡，他们敢晒、敢秀。所以作为商家，就要对购买力集中的主要人群展开调查和研究，分析其喜好及生活方式，寻求多层面、多渠道发展，与年轻消费者进行互动与交流。对于发展途径，我建议，新老餐饮企业要摒弃旧观念，勇于加入时代发展大潮，利用新媒体平台引流、聚客、谋发展。

1. 微博借势，引全民追捧

"今天你上热搜了吗"是当下年轻人喜欢讨论的话题，从热搜可以看到时下发生的大小事，紧跟时代步伐。据相关数据显示，2012年，使用微博的用户达到2亿人，直至2018年年底，微博用户已经达到3.4亿人。微博用户的年龄跨度大，从十几岁到几十岁不等，并且微博上汇集了各行各业的人。我希望餐饮企业能抓住微博热点引发关注，招揽顾客。

现如今，全民进入注重流量的时代。餐饮企业必须利用好微博，实现信息传播的双向流转。首先，你要选取一个严肃又不失风趣的用户名，头像尽可能地体现企业文化或者直接用LOGO；其次，微博文案要吸引人，与时代相结合。内容要多使用时下流行的网络用语，例如"求赞求关注""送我上热搜""今天独一份儿优秀"等，文案简洁，多采用提问式、互推式写法，留出与粉丝交流的空间。

再次，推出电子优惠活动，节省营销成本。经营者可根据节日或新闻发起有奖转发、晒图有礼等活动，一传十、十传百，扩大粉丝基础，提升品牌影响力。最后，微博运营要有度，有态度。发微博时要考虑受众人群，找到他们的核心参与点，引起粉丝的讨论；不可在微博上引起争论，要树立积极的正面形象；餐饮企业的微博要有活力，有亲和力，不可太过用官方口吻。在节日时送上真挚的祝福、分享自己的生活趣事或分享企业产品背后的故事，都是拉近粉丝距离的好办法。

2. 微信分享，你我共进退

微信从聊天、打字到语音、视频通话？从微信公众号到微信小游戏，其功能不断变强大。近几年，微信从生活化变得商务化，很多人以朋友圈为基础开始构建属于自己的私域流量。

如今，众多商家开始拓宽渠道，增加曝光率，在微信公众号、朋友圈、微博、抖音、快手等地方发布相关信息，吸引顾客。

就微信平台来说，我们要最大化利用它。首先，在母亲节、情人节、圣诞节等特殊节日里，商家可在朋友圈发布优惠活动，要求顾客进店消费时出示其在朋友圈转发活动的凭证；其次，调查当地年轻人使用这些频率高的美食公众号，在活动开始的前三天利用这些公众号进行预热，并要求将文章转发至自己的朋友圈或者分享至5个常用群。最后，我们建议商家最好建立自己的公众号，有独立运营的团队，定时发送美食推送和福利活动。当顾客进店就餐时，推出关注公众号送精美小菜活动，积极推广。

分享一个发生在我身上的小故事。2019年过年期间，我的一位朋友在朋友圈集66个赞得到了一张某饭店价值200元的优惠券，券上说明可以凭此券在正月十五日之前到店里消费。我的朋友在朋友圈发布信息后，很多人点赞表示支持。其中想享受优惠的人就转发消息自己集赞。通过和朋友聊天得知，转发她朋友圈的有十几个人，其中大部分都进店里有过消费行为。

朋友圈转发、点赞、分享这一系列操作可以使一条信息在短时间内迅速扩散，二者互惠共赢。

2019年情人节，"肯德基"推出了具有少女情怀的比利时黑巧克力味冰淇淋花筒（见图6-1），该冰淇淋一上市就得到一致好评。在媒体争相报道的同时，"肯德基"在自己的公众号中推出冰淇淋特别活动，并请当红的明星为其代言；达到一定效果后，在线下实体店内，贴出超大的新品上市海报，利用"怪异"花筒的高颜值来吸引路人的眼光，卖点、话题度和关注点全都具备。

图6-1 "肯德基"巧克力冰淇淋花筒

微信分享，只是推广的第一步，想要做大、做强，就要有生存下去的旺盛生命力。有一定经济基础的企业要利用好流量和人气的优势，可以请明星代言来增加知名度；在设计产品时也要从颜值和寓意入手，为宣传打下坚实的基础。颜值是产品的核心竞争力，流量是推广的坚实后备军；要想产品卖得好，分享转发要记牢。

3. 今日头条，书写自家传奇

今日头条是以新闻娱乐为主的涵盖面广的资讯软件，我们可申请一个企业账号，与个人账号相比，企业账号扣税起点低。餐饮企业在今日头条的运营可以分以下三步进行：

（1）**发布软文，迈出推广第一步**。在头条上，根据美食的分类发布相关文章获得浏览量。文章题目要简洁扼要；图片要有新意，有创造力，可以用搞笑图片或者流行的表情包；题目中加上热门事件或热门人物更容易打造爆文。

（2）**转发讨论，巩固粉丝基础**。文章发布后，一定要及时回复评论，这是将读者发展为粉丝的必要途径，一定要快速、有效。文章作者也可以去评论和转发别人的热门文章，增加曝光度。

（3）**站外站内，齐头并进**。在今日头条内部，可以录制与产品有关的好玩视频与粉丝分享，并将视频转发在微信朋友圈、抖音、快手、微博等平台上，吸引大批不同的人围观。在运作方式上，我们更建议经营者找专业的运营团队来管理，倾向于用视频推广，更有吸引力和凝聚力。

4. 借助短视频赋予食物更多诱惑力

近几年，短视频在网络上逐渐兴起。我想大家对抖音和快手等视频交流App肯定很熟悉。制作人通过视频让大家认识自己，观看者则透过短视频看人情冷暖，品百态人生。随着短视频对大家生活逐渐渗透，更多的商家选择在视频中"带货"，餐饮行业也不例外，由短视频而爆红的网红食品不在少数，"网红沸腾虾""网红百香果柠檬鸡爪""网红懒人饭""网红盐焗鸡"等四大热门抖音网红菜曾在全国流行。

当前较为热门的短视频软件主要有抖音、快手、微视、火山小视频、爱奇艺等，传播美食可以选择抖音、快手、火山小视频的美食频道。正所谓"抖一抖，全知道"，只要视频火爆，营业额很快会上去。还有其他平台比如美拍、小红书等，上面主要聚集的是女性，商家可以在上面做分享，像美食美妆、生活技能或者搞笑段子等，利用视频吸粉，增强吸引力。久而久之，粉丝就成了顾客。

需要强调的是，要想引发消费者追捧，商家要创作独特、新颖、有一定创意的"接地气"的短视频，引发观众的情感共鸣，具体要注意以下几点。

（1）把握"形势"，赢在起点

商家在制作短视频时，一定要从最开始的形式和分类着手，从源头上避免失败。在考虑制作视频时，要把观看者的兴趣和互动空间作为出发点，保证视频发出去后不会"扑街"。通常来讲，视频可分为价值型和提问型两种，前者要注重内容的有效性，以传递实用信息为主；后者主要是以问答为主，吸引路人围观进行互动。只有视频中的内容是有效的，顾客认为其有价值，才会主动"上门"，视频才算有效。

2018年春天，一段关于"90后厨师喊菜"的短视频迅速走红网络，据悉，这名厨师是湖南人，说话有口音，语速较快；在录制视频时，他大声介绍做菜步骤，如"五花肉大卸八块"（见图6-2）、"整齐地摆好"等，为的是让大家记住他。这种诙谐又真实不做作的视频让网友感觉既可爱又清新，这位厨师也在网络上收获了大量粉丝，走上人生"巅峰"。

图6-2 "90后厨师喊菜"视频截图

食物的诱惑力通常来自于成品，但这并不意味着美食制作的过程就不具备吸引力。就像这位湖南的厨师，他就是把食物的制作与幽默的表演结合在了一起。除了美食原本的诱惑力之外，教学的存在引起了学习的诱惑，而幽默的风格引起了休闲的诱惑。这种杂而不乱的多元化展示，只有在短视频上才能完美地呈现。

（2）制作清晰，抢占先机

确定好视频形式、风格等准备工作后，就要开始正式制作视频。首先，确定标题，标题中带入关键字、行业字、周边词等。美食的视频可以以教程、做法、制作、网红小吃、改造等词语为中心展开，加入时事热点和社会新闻会更受欢迎。其次，确定好编导、策划和脚本，做好摄像、音响、灯光、道具等准备工作，为视频配上文字解说，赋予生动的形象。最后，视频内容以时长为限制，要简洁、自然。最好以故事展开，中间融入产品，有情感地宣传。也可以输出美食背后的故事及轶闻趣事，将制作活动和品牌活动的流程全曝光，拉近与消费者的距离。

微电影也是短视频的一种，不过它的投资成本高、感染力也强。生活中或者电视上的美食广告就是微电影的浓缩，例如，德芙巧克力的广告，以爱情小故事展开并请明星表演，最后附上浪漫、简洁的广告语："浪漫时光，纵享丝滑"，就会让大众耳目一新，在记住它的同时更愿意购买。诸如此类的还有绿箭的"清新口气，让你我更亲近"，吉祥馄饨的"吃一碗酸一碗"等。

（3）确定运营团队

制作视频要考虑时间、人工、市场回报率、周期等因素，看视频带来的营销效果和付出、预期成不成正比，在刚开始时，可以几个人为一个团队，将成本固定在可控的范围内；在视频发出后比较各个平台的播放量、点赞量、转发数，找出最佳平台；有实际收益后可以扩大团队规模，分析各个平台观看的人群的年龄段和喜好，因人而异地发布视频。

现在很多短视频平台都增加了企业蓝V功能，"安阳鸡十三蛋挞鸡总部"就建立了抖音账号，并交予相应人员负责管理。借助抖音平台的力量，其在短短数月便成功将店铺发展到全国范围内，加盟店数量增长惊人。

（4）打造网红

"网络红人"（简称网红）是最近几年兴起的"新人类"，新颖独特、追求个性是他们的标签。如今，新媒体运作方式带来新的娱乐方式，我在平常工作闲暇之余，也会看一看网红的视频，领略不同行业、不同人群的生活方式和生活态度。网络上流传着这么一句话："我虽然到达不了远方，但我可以看别人到达远方"，意思就是指在家的人通过观看别人的视频或直播看世间万象，品百味人生。

我相信很多人都会将网红推荐的美食列入自己的试吃清单中，抱着试一试的心态去满足自己的好奇心。在刷抖音、快手等视频时，我看着那些美味的食物，会不自觉地想知道这是哪家餐厅，在什么地方，要怎样找到。等到观看视频的大部分人都有这样的想法时，这就是一次成功的、有回报的直播。网红的影响力是我们难以想象的。粉丝对网红的这种跟风和崇拜，企业应及时抓住，利用网红成就自己的商业传奇。

偶像的力量就像是被施了魔法，神秘而巨大。我相信大家对抖音中的"密子君""李子柒"等美食博主肯定不陌生，她们与不同的企业合作，根据大众的口味或者火爆的话题来选择吃什么，怎样吃。一旦她们的直播视频的点击量高，就会为合作方带来巨大的经济效益。

俗话说"不能抓住时机的网红都不是好老板"，网红抓得住机遇才会成就自己，老板抓得住网红才能成就事业。现在"企业+网红"的营销模式越来越普遍，关键要看怎么用。企业在寻找网红为自己"吃"时，就像是某品牌在寻找某个明星做代言，一定要有自己的原则。下面是我总结的"三不用"原则：有污点的网红不能用；不敬业、不认真的网红不能用；三观不正的网红不能用。从根本来说，网红虽不是明星，但也是具有一定影响力的人，所以要懂得为自己的行为负责任，一定要传播时代正能量。

除了和网红合作利用现有资源以外，值得一提的是，老板也可以是行走的网红后备军。企业主有老板、成功人士等社会身份，是品牌的核心代言人。这类人具有很高的社会地位，和普通民众有一定距离，"可望而不可即"的神秘身份给人以遐想。正是这点，给了企业主制造舆论的机会。企业主只需要打破固有认知，以异于平常的身份、举止等出现在公众视野中，寻找专业的执行团队进行营销、造势，这样就可以获得社会媒体和群众的热议。

短视频是网络传播的最佳途径，成本低、见效快、省时省力，很小的投入就可能换来很大的收获和回报。其以创新为领航风帆，以食物为引力，让餐饮企业品牌"飞"出去。

新媒体作为新一代营销手段，是"兵家必争之地"。我们要多渠道利用，多方式展开，争取百花齐放。

6.2 口碑营销：自夸不如人夸，让用户替你做宣传

"金杯银杯不如老百姓的口碑，金奖银奖不如老百姓的夸奖。"口碑营销就是要得到大众认可，而这个认可度也就相当于企业的软实力。要想抓住软实力，就要求商家将自己"推出去"，不要蜻蜓点水。

1. 好的产品自带流量

有一句话，大家千万要牢记。任何时候，产品都是第一位的，产品就是

最好的广告！要想得到大众真正的认可，就一定要在产品打磨上下功夫，毕竟产品才是用户体验的入口和核心。这也就是为什么有些产品花了高价做广告宣传，销售却依然平平，而有些产品，如"老干妈"，我们在媒体上很难看到其广告，却依然创下销售奇迹产品。

我前面一直在强调要懂得把握顾客内心，探索用户需求，并不是代表产品就不重要了。相反，要满足客户需求，让客户满意就必须更加注重产品品质。好的产品会自动在消费者群体中形成口碑传播。

2. 找出自己的 KOL

在发展、传播自己的同时，餐厅要基于现实做出准确的定位，思考店铺类型、发展方向和受众人群。当定位清晰后，再从受众人群中找出一小批专业的 KOL，将其发展为固定粉丝；发布新菜品或推广新计划时，可以听取其意见和观点，以获得全方位的好评；最后由这批铁杆粉丝向自己的朋友、家人、同事推广，一传十，十传百，慢慢扩大经营。顾客的好评就是企业经营成功的必要保证。

口碑传播就是一个从无到有、慢慢发展的过程。它的传播途径是双向的、多元化的，对于企业和受众人群都是有利的。俗话说得好："只要是金子，在哪里都能发光"。如果自身实力过硬或企业硬件跟得上的话，你只需要寻找对的人成为你的"迷妹"，帮你宣传，就能成功营销。

3. 经营"人设"，借势而动

"人设"是现在网络上很火的词语，就是指大众对一个人的固有印象。现在我国的娱乐产业发展迅猛，明星爱塑造"人设"来亲近粉丝或引爆话题，比如 2018 年流行的"锦鲤人设"和"耿直人设"等。

餐饮企业在经营时，可以借鉴娱乐产业的营销方式，为自己的品牌设计独特的"人设",编写具有情怀的故事吸引人眼球,以博得关注和认同。最重要的是,唤起顾客内心的认同感和归属感。

现在人们往往忙于工作而忽视了家庭团聚,在外奔波的年轻一代很难吃到家里人做的菜,不禁时常想念。基于这种亲情、温暖的理念,"外婆家"自进入餐饮市场以来,就打着温情的旗号招揽顾客,将思念和情感作为企业的核心凝聚力。只要有人想家,就会自然而然地选择"外婆家"了。不得不说,"外婆家"很成功。现在人们一提到麻婆豆腐、酸菜鱼、茶香鸡等菜肴就会想到"外婆家",这显然已经形成一股潜在影响力。

"外婆家"的"人设"就是一种理念,将口碑具体化。用一句话或一个人物表现出来的口碑更利于树立鲜明的企业形象。餐厅如果定位精准,在发展时就会少走弯路,也可让消费者不迷路。除了创立"人设"之外,餐饮企业经营者也可以寻找市场上红火的、与自己品牌相似的餐厅,借助他人的影响力,传播自己的品牌。

美国百事可乐公司在上市时,并不受欢迎。前有可口可乐的竞争,后有大众的排斥,一时间陷入僵局。可口可乐采用广告的方式向百事可乐宣战,不曾想,"战争的引发"歪打正着地提高了百事可乐的知名度。对比可口可乐有文化底蕴、历史悠久的特点,百事可乐打出了与其相反的口号,以年轻、活力、新鲜来吸引年轻人,发布"新一代的可乐,新一代的选择"广告,收获大批好评。

从以上案例可以看出,生活中处处有惊喜,在企业经营的每一个拐弯处都有收获。古有借东风火烧赤壁战曹军的故事,而今企业经营者也要寻找有利于自己的"风向"。

4. 运用工具,多渠道传播

良好的口碑是新老企业赖以发展的基石,口碑营销就是让大家知道你好,让大家谈论你的好；等你的好被大范围知道或者接受时，好的口碑就形成了。接下来就要做好传播工作，传播在于"传"，要让人自发地传。

如今，网络和新媒体的发展让信息传播途径多样化，在选择哪一家店铺和产品时，大家更愿意借鉴"前人经验"。那些风靡一时的"网红餐厅"更是成为大家热衷的"打卡圣地"，许多人甚至不在乎时间和成本地前去排队。

餐饮行业不同于别的行业，具有很大的发展空间。首先，可以利用网络媒介进行传播。像论坛、百度知道、搜狗问问、知乎等一些平台，都汇集着很多的人群，平台上真实的人都可以成为我们潜在的消费者。我们可以在这些平台上发布相应宣传信息，最大限度为自己吸引流量。

其次，商家在刚开始发展时可以向自己的 KOL 发送电子邮件、短信息等，告知具体活动和优惠详情。利用微信公众号和微博等平台做推广，并附上"转发分享给好友送精美赠品"字样，慢慢扩大影响力。

再次，建立专业的传播推广运营团队，在短时间内"走红"。现在电商网络已经成熟，像淘宝等购物 App 会安排专业的客服人员，在工作时间内回复顾客的疑问。餐饮企业应尽可能地发展属于自己的运营、推广、售后一条龙服务，增加传播的真实性和可信度。

最后，企业者可以参与到社区中去。选择与自己的受众人群相关的区域进行促销活动，薄利多销带动品牌发展。以年轻消费者为对象时，我们建议去大学校园做活动并发展校园美食代理人；当消费对象是老年人时，可以与各大超市联合进行打折活动，并发放一定数量的优惠券，开展免费试吃活动，增加影响力。

企业经营有风险，心心念念是口碑。深入人心的形象、雷打不动的口碑，才能让企业在时代浪潮中站稳脚跟。口碑是企业的试金石，而广大群众才是口碑保证的基础。

6.3 社群营销：来自好友的美食推荐

2019年2月上市的小米9手机在一分钟内便被网友抢购一空，销量高达几百万台。很多人都诧异：是什么让小米手机在几年的时间里发展得如此迅速？是手机质量好还是粉丝基数庞大呢？在我看来，这些都不是。创业伊始，小米手机的定位人群就是追求高性价比的年轻人，从目标人群中发展自己的固定粉丝和忠实拥护者。小米手机的用户从原来的一百人到现在的成千上万人，"死忠粉"的基数越来越大，这给小米手机带来了销量上的保证。

我想，了解或者关注过小米公司的人都知道它的发家靠的是社交网络，从维护固定粉丝到发散粉丝、从发散粉丝到发展粉丝，一传十，十传百，小米公司的口碑慢慢建立起来，也让越来越多的人知道小米公司的存在。从它的发家轨迹不难看出，小米公司玩转了社群营销和网络传播。网络时代传播方式的改变，让越来越多的人发现了"啃网"的乐趣。博客、论坛、贴吧、QQ、微信和微博等多种平台多种交流方式在丰富人们生活的同时也带来了新的商业发展机会。

"天下民族是一家，各行各业不分家"，我们餐饮行业也可以借鉴小米公司的成功方法。首先，要搞懂什么是社群营销。从字面来看，就是指有相同兴趣爱好的人通过某种网络载体聚在一起形成社群，商家通过此社群进行宣传、售卖和服务的商业形态。社群营销属于社交网络营销，是中小企业拉熟人、扩大知名度、建立好口碑的最佳渠道，不需要投资和资金链、成本极低、风险可控，需要注意的是粉丝维护方法和社群操作方法。

比如很多餐饮企业，为了提高忠实顾客的留存率，会在日常的营销之外，通过社交媒体平台，建立以企业为中心的群组，然后邀请店铺的顾客加入。当然，在邀请的过程中，企业也会给予顾客一定的好处，比如优惠券、免费送餐服务等，目的是吸引消费者加入社群。同时，企业也会定期在群组中发放福利，提供持续的消费刺激，引导顾客进行消费并且保证社群的活跃度。

当然，社群的建立和操作并不一定要以社交群组的方式呈现，粉丝维护也并不是只有发放优惠福利这一种方式，接下来我们就来了解社群操作和粉丝维护的具体方法。

1. 社群操作

很多正在张望的人都想复制成功者的道路或套路，可只有"第一个吃螃蟹的人"才能夺得大蛋糕，其后的不过都是追随者。要想成功，还是要借鉴他人经验并结合天时、地利、人和做出准确判断。如果你想用社群营销方式，就必须考虑自己的资源和人脉，资源决定上限，人脉决定速度。

（1）准确的定位对象

企业要知道自己的目标人群、企业类型和消费标准，受众人群可以按儿童、青壮年、老年划分，企业类型可分为快餐、自助、茶饮、西餐等，消费标准可按学生、白领、老板等划分。俗语说"什么锅配什么盖"，只有匹配得当，才能为己所用。

定位清晰，对象明确，是企业发展的第一步，只有准备工作做得好，积少成多，每一步都走得扎实，才能创造辉煌。

（2）直击心灵的内容

当下"乱花渐欲迷人眼"的病毒式营销理念不再受欢迎，在"内容为王"的标准下，消费者更喜欢"干货分享"，不是单一求实用性，也不是只追求华丽的外表，而是更倾向于心动下的实用。这就要求商家建立的社交圈子要有明确的目的性，或是卖产品，或是节日送福利，或是做美食推广，群内美食知识要投放准确，抓住用户诉求点，严格限定类别，忌杂乱无章。

(3) 灵活的打开方式

现在一部能上网的智能手机可以解决衣食住行等多方面的问题。目前开展社交主要依托于软件，有论坛、问答、直播、视频等多种实现方式。餐饮企业在各种软件上开通企业账户，在 QQ 群、微信群、微博社群与朋友建立直接的联系，听取大家意见。

(4) 以小见大的引流方案

六度分割理论提到"一个人和陌生人的距离只隔着五个人"，这就说明六个人为一个整体，只要其中每一个人与其他整体有交流，这 12 个人就能再形成一个大整体。小企业一定要充分利用好熟人圈子，从亲人到朋友，从同事到朋友，再从朋友到朋友，慢慢扩散。用种子用户去发展新用户，不断裂变。

比如很多主打年轻人群的餐饮企业，都会在微博平台上，以企业的名义开通账号，建立社群。因为主要的消费者是比较年轻的人群，所以他们在饮食方面的主要需求通常是，想要了解哪些餐厅的食物好吃，或者在哪里可以找到好吃的餐厅。而企业也利用了年轻消费者的这种特性，在经营社群的时候，主要围绕美食、餐厅推荐和优惠活动展开，吸引顾客直接消费。

相比年轻人来说，稍微年长一些的人群相比在外就餐，更倾向于自己烹饪美味的食物。以这类人群为主要消费者的餐饮企业，在经营社群时，一般会发布大量的美食烹饪教程，供顾客进行学习和模仿。但我们都知道，普通人和厨师在烹饪技巧方面有很大的差距，所以即使菜谱极为详细，人们也很难做出和大厨同样的味道。在这种情况下，心理预期和实际口味的落差会持续地提升消费者对于美食本来味道的向往程度，最终形成有效的消费。除此之外，如果消费者根据企业提供的教程成功制作了美食，那么虽然产生消费的可能性降低了，但企业真材实料、求真务实的口碑也打响了，在口碑效应的影响下，企业照样可以获得更多消费者的青睐。

当然，无论是以什么类型的人群为主要消费者，企业建立的社群对于内部成员来说都是一个分享的平台。尤其是像餐饮这种本身就自带社交属性的事物，企业在进行社群操作时，会在内容中加入很多分享的元素，比如，"节日到了，约朋友去哪里吃饭"这样的信息，既能吸引用户的目光，也可以促使用户进行约饭、约会等行动，扩大营销的影响力范围。

2. 粉丝维护

确定好社群的平台及对象之后，我们要想如何调动群内气氛，让"潜水"的人出来"冒泡"，只要一个群里有人分享，有人聊天，有人期待，这个群就不会发展成"死群"。

（1）群主题要明确

群主设置好清晰的群名称和群公告，让粉丝设置昵称，统一格式。保证让刚进群的人知道这个群是干什么的，这个群有什么价值。例如，美食制作分享群、肯德基粉丝福利群。群名称要突出企业和功能，这样对此信息有兴趣的人就不会退群。

（2）群内角色分类

一个运营好的美食群，往往包含做法、介绍、美食推荐、团购、红包、小游戏等一系列操作，这就需要有多个管理员，负责不同的职务。群内定期定时发布内容，例如，每周一10点发布产品购买链接或发起竞拍，让具体操作仪式化，巩固粉丝基础。

（3）红包掌控，管理有度

群的管理要张弛有度，对于广告、色情和垃圾消息要明令禁止；除此之外，群主和管理员要活跃气氛，话题的开始和结束要以红包为主，开始是为了"炸"出人冒泡，结束是为了"安慰人"，给大家留下良好的群印象。经过时间检验，群的真实度会上升，客户也就变得积极起来。群内的聊天要放开，不可禁言，创造轻松愉快的聊天氛围，会提升客户的购买力。

社群逐渐取代论坛作为分享交流平台，就是在不太熟悉的人之间建立认识，为一个共同的目标聚到一起，实现社交虚拟化。企业作为网络社交的利益获得者，利用好社群，就能走上更高的台阶。除了要注重企业与客户之间的交流外，更要攻占核心：产品和服务。如果一个企业只会虚张声势，而产品不合格、服务不过关，客户再多也必将走向衰败。

6.4 活动营销：用创意引爆品牌

走在大街上，你或许会经常看到店铺门口写着"超市大减价""开店大酬宾""换季狂甩"等字样，实际上这只是一种夺人眼球的表达技巧，顾客抱着"捡便宜"的心理进店消费，其实盈利才是经营者的主要目的，只不过是从"一口吃个胖子"变成薄利多销。不管辞藻多么华丽多么夸张，这都是商家的"障眼法"和"幌子"，障眼法的背后就是一种促销活动，便宜多卖，而多卖也意味着多赚。

现在市场上以活动为卖点，吸引人围观消费的行为并不少见，各大商场经常"打折""促销"，看似很疯狂，其实有没有回报只有策划者心里最清楚。活动是可行性高的营销方式，但要"掷地有声"，保证有回报，有收获。

我们建议，商家在进行一场活动的策划时，要考虑现有资源、资金链、回报率等问题，不能盲目跟风。活动营销主要专注两方面，一是网络，二是实体。

1. 网络活动，宣传造势

网络作为营销利器，商家要做到充分利用。零成本的推广方式与网络活动相结合，将品牌关系化、数据化，利用新媒体平台聚粉丝、搞预热，为实体店举行做准备。活动内容主要以有奖参与和竞猜为主，提高观众参与度，扩散品牌影响力。活动可以微博的转发、评论、点赞数为基础，以征集视频、文章为亮点，以晒照片和分享朋友圈为主轴，抓住新闻社会热点，创造新奇的广告文案，用创意点燃网络。

2018年暑期，世界杯火爆了一整个夏天，全国上下为火热的足球赛事送去关注与祝福。蒙牛作为世界杯全球官方指定赞助商，携手梅西做广告，做宣传，其"自然力量，天生要强"的广告语振奋人心。除了广告之外，蒙牛发起全网福利活动支持世界杯，关注赛事的进程。"牛奶与足球一样，能够为大家带来健康与快乐。所以这不但是蒙牛的骄傲，也是整个中国乳业的骄傲"，蒙牛老板卢敏放在蒙牛发布会上讲到。整个世界杯期间，蒙牛的奶制品销量创历史新高，为蒙牛走向国际打下了基础。

我们都知道广告是有效、快速的宣传方式，但投放广告的资金需求量大，一般企业做不到。有曝光不代表有收入；没曝光也不代表无收入。除了广告之外，商家可以迎合电商时代，与应用程序合作。像饿了么的美食节、美团的店庆活动，商家都可以利用，可以用免配送费、满减优惠、买赠作为吸引消费者的方式，将流量转化为销量。

2. 实体店活动，精心策划

（1）策划书的准备

实体店活动与网络活动相比，具有很大的限制性，但又具有真实性和时效性。一般策划一场活动必须要有策划书，内容详尽，创意突出，可操作能力强。一份策划书要包含活动目的、时间、举办方、市场调查和活动对象等部分，需一一列出；统计好工作人员数量和产品数量；计算交通费、用人费及产品成本；根据地区作盈利推测。

（2）场地的选择

场地的选择是活动成败的关键，场地并不单一意味着某一个地方，而是包含了人群、消费能力等隐性信息。根据活动的分类可将场地分为超市、大型综合商场、影院入口、剧院场、酒店、体育馆、度假村、会所、会议中心等，一般来说与食品相关的活动多选在超市和商场。

活动选址要遵循开放透明的原则，考虑人流密集程度和人口密度等因素。场地确定后，还要考虑具体地点的设施、服务、路况和可容纳人数等条件，根据场地人流特点打造具有文化意义的活动。

（3）目标人群的确定

活动目标人群和餐饮企业的目标人群是一样的。餐厅的分类不同意味着吸引不同阶层不同年龄段的人。根据场地大小，拟定计划参与的人数，分发一定数量的传单为活动造势。设计观众参与、体验环节，如做游戏、试吃等，吸引目标人群参与进来，增强信任度，消除隔阂。

3. 节日营销

对于实体店的活动，我们简单概括为价格战、节日战、文化战。这三个词很好理解，就是以价格、节日和文化作为活动的发起点，以此来吸引顾客进行消费。我们的生活里充斥着价格战，对此免疫的群众需要新的"刺激"来被唤醒。

2019年情人节，物美超市在多点软件线上卖巧克力，提前半个月就开始预热。顾客在情人节的前15天买巧克力是打9.8折，在前一个星期买是打8折，在三天之内买是打6折，当天买是打5折。此阶梯式折扣促进销量增长，烘托节日气氛，从前至后延长产品销售天数。

有效的节日营销对于餐厅营业额的拉动作用是毋庸置疑的,但是我们会经常发现一些餐厅推出的节日营销效果并不十分理想,投入和产出不成正比,归根结底在于其对于节日营销缺少一个正确的认识。

(1)正确理解节日

节日和文化二者形影不离。文化活动的展开以节日为依托,节日活动的进行以文化为保障。我国是历史悠久的文明古国,在传统节日的活动尤其重要,例如在端午节吃粽子、赛龙舟,在冬至日吃饺子,在元宵节吃元宵、猜灯谜等。商家可以以传统节日活动为载体,搞比赛、做测试,赋予活动文化意义,增加顾客对企业的情感认知,扩大影响力。

除了这些传统节日外,还有一些需要特别注意的日子,比如春季开学季、秋季开学季等,近年来还有一些人造的节日,比如"双十一""618",这些我们都可以利用起来。

(2)懂得利用连环假日

所谓连环假日,就是连在一起的假日,比如国庆节、中秋节;春节、元宵节、情人节;五一劳动节、母亲节、六一儿童节等,这些节日的日期较为接近,我们便可以策划一系列活动,使活动环环相扣,从而引发持续的追捧热潮。

(3)适当造节

上面我们提到的"双十一""618",其实就是阿里巴巴、京东自己创造的购物节,同样,餐饮企业也可以效仿其做法,推出自己的节日。

我们以西贝莜面村(简称西贝)作为示范。刚开始它只是一家平常的菜馆,在几年间发展成有 16 000 名员工的大型餐饮企业。西贝抓住情人节这具有操作性的节日,在这一天推出了"亲嘴打折节"狂欢活动。2019 年情人节那天，西贝举办了第四届"亲嘴打折节"，活动参与人数达到十几万人，当天营业额创历史新高。西贝这一品牌也因此被更多人熟知。

活动营销作为传统的营销方式，一定要以新的技术手段作为依托，赋予其文化意义和精神内涵，紧扣时下热点，以速度成就传播，以广度缔造奇迹。通过线上线下宣传，提升品牌竞争力。扣人心弦的有创意的传播活动，是开启成功之门的钥匙。

6.5 IP营销：借助火爆的品牌效应引动粉丝

提起火锅，很多人第一个想到的可能就是"海底捞"；提起小龙虾，第一个映入大家脑海的可能就是"胡大饭店"……这就是品牌IP效应的影响力。可能说到这里会有人问："IP效应是什么？""难道形成IP就会变得火爆么？"，其实不然。IP效应只代表某一段时间内的流行趋势，指的是因好奇而跟风去消费。想要让自己的品牌永久做下去，我们要先了解什么是IP。

IP是英文Intellectual Property的缩写，翻译为中文就是"知识产权"，目前引申为生命力旺盛和价值高的产品。一个可开发的IP，大致包含4个层次，即价值观、推广元素、故事和表现形式。从这个角度出发，餐饮企业要想发展得长久，就必须同时包含IP的上述层次，让IP效应持久化。

餐饮行业正进入全面升级时代，IP、电商、互联网O2O模式、新媒体、人工智能等正向餐饮行业渗透。消费者在选择餐厅时价格不再是唯一的影响因素，还想得到风格、服务、个性、情感认同等方面的满足。于是在品牌影响认知的新经济作用下，IP变得格外重要。

近两年，网红餐厅深受大众喜爱。因为所谓的"好看、火爆"，人人争相去追捧、"打卡"。凭着人流的疯狂涌入，网红餐厅赚得盆满钵满，鱼非鱼餐厅以破竹之势入驻市场，借用"子非鱼，焉知鱼之乐"作为营销旗号，将美人鱼和中西方文化联系到一起，将脆皮报纸烤鱼、石锅小海鲜、烤串完美结合，吸引了一大批消费者，短时间内迅速成为成都新一代烤鱼IP。

鱼非鱼餐厅从文化创意IP入手，加入3D图像技术，实现了东方与西方、传统与科技的有机结合，打造出属于顾客的视觉盛宴。鱼非鱼的玩法从吸引力法则展开，引爆粉丝，成功引流，创造收益。而这种特色也成为企业独有的特色标签，也就是自己的IP。

IP并不是虚幻的，也是品牌的具体的一部分。要想创意过得去，餐厅必须带点"颜色"。那么我们到底应该如何打造自己的IP呢？

我认为，在为餐饮打造IP时，我们一定要先考虑清楚以下三个问题：

1. 考虑品牌定位

品牌IP，很大程度上就是品牌的另一种标识，IP的打造一定要和品牌定位相契合，具有足够的辨识度，让人一看到就能联想到品牌。

2. 目标消费群体的需求

成功的IP一定能够打动消费者的内心，因此在设定IP之前，我们要尽量找到并迎合目标消费群体的真正需求，这样才能更好地和消费群体产生情感共鸣。

3. IP形象要易于接受

IP形象应尽量选择大众较为熟知的，这样能更容易被大众所接受，极大地节省了传播成本。

我们建议，初创企业在刚进入市场时不要"照猫画虎"。新企业往往喜欢借鉴"前人经验"，将其他大品牌的案例运用到自己的营销套路中。然而，在实际操练中，尽管初创企业有优秀的文案和营销策略，但往往获得的回报非常少。对此，初创品牌要试着建立具有非凡意义的基础联想，即使顾客以餐厅印象为基点所做出的一系列联想。在消费者心中，达到仅有你的餐厅代表着其所需求的美食这种效果，就是成功的联想。要想与消费者建立联想，打造成功的品牌IP，要做到以下几点：

1. 有味道

在讲究"吃"的今天，吃的是情怀，吃的是独特，吃的更是味道。那种大街上随处可见的小吃并不受人欢迎，吃完就让人遗忘的食物不具有打造IP的可能，仅起到饱腹的作用。可以被别人随便取代的菜肴不是好菜肴，只有做到"独一份"，才会在市场中留下自己的名字。

要想成为品牌餐厅，不仅要注意菜品的质量和独特，还要保证美味，这样才会让人流连忘返，成为回头客。对于美食制作者来说，食物的颜值是入门考试，味道是终极考试；一个有"味道"的菜品要具有层次感和美感。同时，制作者要注意食材的搭配和烹饪的火候，将每个环节记在心中，以完美来要求自己。网红表象下的味道和品质才是决胜的关键。

美食最早的IP属性就是食物的味道，在过去菜品味道能够让消费者满意的餐饮企业，才能被人们口口相传。虽然从现在来看，很多餐饮企业在同质化竞争中饱受摧残，因此选择了一条从环境或者氛围入手打造IP的方式，但也有很多企业依然坚守以正宗味道闻名于世。

如果你要去我国台湾吃面的话，"度小月"担仔面是首选。在当地，提起"度小月"担仔面几乎无人不知，其在当地已经有百年历史。在制作上，"度小月"选取了五谷杂粮，通过现代先进的环保蒸汽工艺蒸煮，对原材料进行多重工序的加工,在高度保留谷物营养精华的基础上,进一步打造产品口味。使得面条营样高、易消化且味美爽口,深受都市人群的喜爱,也因此,"度小月"担仔面成为中国台湾面条的代言。

品牌要想响亮,就必须保证产品的优质。低价并不意味着顾客有高需求量,高价也不意味着无人问津。只有基础打得牢,高楼才建得起来;只有味道有保证,品牌才打得出去。产品是品牌的关键和基础,味道是核心和发展根本。

2. 品牌人格化是 IP 营销的核心

打造品牌 IP 的最终目的是营造品牌差异化壁垒,增强消费者对品牌的认知。因此,在设立品牌 IP 时,我们应充分考虑实现品牌人格化。

在这方面,我们可以学习"渔乐西游"的做法。当前,市场上的酸菜鱼品牌层出不穷,在众多同质化产品中,新生品牌很难赢得消费者的青睐。在这样的情况下,"渔乐西游"另辟蹊径,通过 IP 赋能,巧妙地以《西游记》中师徒四人为原型,对经典 IP 进行了重新塑造,从而成功地从众多酸菜鱼品牌中脱颖而出。

3. 塑造全新 IP,赋予品牌内涵

前面我们强调过,IP 的打造要与品牌定位相契合,打造 IP 的最终目的是借助 IP 加深消费者对于品牌的认识,所以当我们在塑造 IP 时,要考虑如何利用 IP 向消费者传递品牌的价值观和内涵。

"蛙小侠"是一家功夫主题铁锅牛蛙餐厅,自 2015 年 11 月第一家门店开业以来,该餐厅便呈现出爆发式扩张状态,很快便将店面范围扩张到全国,之所以能够成长得如此之快,和其所塑造的超级 IP"蛙小侠"有着直接的关系。一只会功夫的蛙,成功为消费者构建了一个有血有肉的武侠形象,使得

品牌形象深入人心。与此同时,"蛙小侠"还十分注意对 IP 周边产品的开发,持续创造引领与 IP 形象有关的话题,积极地向消费者传递品牌文化。

4. 新媒体传播

在前面的章节里我们已经介绍过新媒体营销方式和运营方式,此处仅做简单介绍。品牌的最佳传播手段非新媒体莫属,造势是为品牌预热,互联网营销犹如锦上添花。传播范围广才意味着"爆红",要想使品牌快速崛起,就必须利用新媒体。微信、微博等多种平台推广,网红、视频、直播等多种手段输出,将每一次营销都当作最后一次,以成功缓解失败,寻求最快、最佳的传播方式。

IP 意味着火爆,火爆就意味着时尚。在这个变化快如闪电的时代,我们要抓住每一次机会,大胆变革,寻求突破。

在任何时候,正确的营销计划都是企业发展必不可少的重要保障。营销是一门非常复杂的功课,绝非简单的广告,而是要结合品牌特点,综合考虑产品组合策略、品牌策略、客户意识及竞争情况等多种因素(见图6-3),时代在发展,营销手段也必须与时俱进。

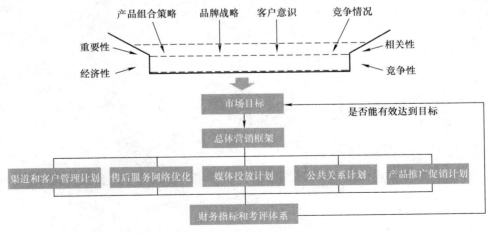

图 6-3 营销计划是综合考虑的成果

第 7 章

未来餐饮业的
发展趋势与
案例分析

在过去十年，餐饮行业发生了翻天覆地的变化。餐饮企业数量增长的速度和幅度都达到空前的水平，外卖的出现再一次刷新了消费者和市场对餐饮行业的看法，而人工智能的加入又把餐饮行业带到了另一个未知的领域。在这十年里，无数的餐饮品牌在大浪淘沙中消失，但也有更多新的企业强势崛起。

在未来，这种纷乱的竞争状态仍将继续，新事物和新方式与餐饮企业的融合趋势也会继续向前推进，没有人敢断言未来餐饮行业会变成何样，我们能做的也只是分析规律，把握趋势，应时而变，然后等待时代和市场的检阅。

7.1 行业演变：认识商业演进的规律和趋势

当今时代变化瞬息万变，我们只能掌握大致的趋势，尤其是想要在未来经营好一家餐饮企业，我们必须要把握住餐饮行业的商业演进规律。

1. 从情理之中到意料之外

产品是餐饮企业的核心竞争力，而消费者则是盈利的关键，想要形成收益，就必须通过产品吸引消费者，产生消费，然后获取收益。所以对于餐饮企业而言，打磨产品是永恒的主题。

从行业现状来看，大多数餐饮企业都是根据消费者的需求被动地改变产品的口味和类型，来迎合消费者。虽然这种方式也能够比较稳妥地完成产品创新的任务，但具有一定的滞后性，在改进的过程中，用户的流失不可避免。为了避免这种情况的发生，一些走在时代前列的餐饮企业开始应用其他方法进行产品的迭代，那就是先消费者一步发现他们潜藏的需求，然后进行产品创新，用新的产品给消费者意料之外的惊喜。不仅能够避免用户的流失，还可以打造产品的新鲜感和品牌的活力。

随着各种大牌餐饮企业进驻外卖平台，外卖也彻底告别了过去以简餐、快餐为主的"原始时代"，进入了一个新的品质时代。但外卖毕竟需要在路上经过"长途跋涉"才能送到消费者手中，在运送过程中，热量损耗和质量下降是不可避免的事情。所以，很多类型的产品不适合外卖配送，比如比萨。作为一种需要靠保温维持口感的食物，外卖的比萨和堂食的比萨有着根本的区别，而且在外卖的过程中，也可能因为挤压和碰撞造成酱汁和配料的沾染和洒落，影响消费者的就餐体验。虽然比萨外卖的数量始终在不断增加，但长此以往消费者为了口感和体验还是会回归堂食。

为了解决这一问题,"必胜客"专门开设了自己的配送服务,保证能够将比萨快速送到消费者手中。但"慕玛比萨"似乎看得更远,它直接把产品定位在小尺寸比萨上,主打的产品以7寸为主,方便配送,而且定制了打包用的包装盒,既能加入热包维持温度,也能以较硬的包装材质保护内部产品,基本解决了比萨外卖的问题。

从情理之中到意料之外,虽然都是满足消费者的需求,但"慕玛比萨"超前的改进能够为用户带来额外的惊喜和更加优质的体验。

2. 从侧重靠市场到侧重靠交通和环境

我们都知道,传统餐饮企业的服务范围一般只能局限在一定区域内,比如,社区店只针对其所在社区,有时也会包括附近其他社区;商业区店通常服务于周边几个街道来往的行人及在附近写字楼工作的上班族。所以,以前的餐饮企业大多布局在市场广阔、人员密集度相对较高的地区。

但随着外卖的发展,餐饮企业的服务范围大幅度扩大,餐饮企业的布局也不再只局限于靠近市场的区域,更多的经营者会选择兼顾市场和交通,既能服务所在市场,也能通过便利的交通利用外卖渠道扩大用户群。

除了外卖的崛起以外,餐饮消费的用户体验也逐渐成为人们选择用餐地点的重要因素,所以,现在的餐饮企业比起过去更加重视对餐厅环境和氛围的打造。尤其是一些相对高端的餐饮品牌,会在店面设计、装饰装潢上花费大量的精力,比如"羲和小馆""煮叶"等主打就餐体验的企业。

想要打造高端的饮食环境,对餐饮企业的周边环境有很大的要求,假如我们打造了一家环境清幽、气氛典雅的店铺,布置在一个绿化充足、风景宜人的景点或公园附近,那餐厅与外部的环境会是一个相得益彰的关系。

比如,坐落在深圳南山创意文化园区的"杂咖"咖啡店,店里充斥着各种古旧的小物件，虽然都是旧物，却带着怀旧的味道。这如杂货铺一般的店铺，虽然杂乱，却别有风情。美食、美酒、古典艺术共同构成了"杂咖"与众不同的格调。与此同时，文化园区独有的文艺气息和环境，也与店铺氛围形成了共鸣，映衬着"杂咖"自在随意、悠然自得的饮食环境。

此外，"煮叶"把文雅的茶馆开在了喧闹的商业区里，要的是一种闹中取静的情怀与氛围。但无论如何，餐饮企业的布局也在向环境适宜的地理位置迁移。

3. 由侧重线下转变为"线上+线下"模式

在外卖这种餐饮形式出现之前，基本上所有餐饮企业的经营重心都是在线下，一家餐厅经营状况的好坏可以用每天翻台数量的多少来衡量。但随着外卖的流行，餐饮企业拥有了更多的盈利渠道，而且相对线下来说，外卖能够提供的线上客户数量要远远超出线下能容纳的数量，同时还不需要占用店面的座位，也没有因等位、排队可能造成的消费者的心态变化。虽然入驻外卖平台会产生一定的平台合作费或者配送服务费，但对于餐饮企业来说，还是利大于弊的。

2019年，主要的外卖平台纷纷提高了商家合作的费用，导致很多小本经营的餐饮企业退出。但这只能说明部分餐饮企业放弃了与外卖平台的合作，并不代表它们放弃了外卖业务。除了一些大牌的餐饮企业自始至终采用自营物流的方式外，现在也有很多中小餐饮品牌开始自营配送，也就是放弃使用外卖平台的配送业务，通过节省平台合作费来增加外卖的利润。

除了外卖以外，网络技术的发展也是使餐饮行业从侧重线下转变为"线上+线下"模式的原因。现在人们主要获取信息的来源就是网络，传统媒体的宣传能力对餐饮行业的主流消费群体也就是年轻人，作用逐渐减少。同时，人们在网络上分享生活和消费的细节，对于企业来说也是口碑营销的重要环节。所以说，无论是从增加盈利的角度来看，还是从宣传推广的角度来看，餐饮行业从侧重线下转变为"线上+线下"模式都是大势所趋。

7.2 新型餐饮：分析优秀的商业模式

"以铜为镜，可以正衣冠；以史为镜，可以知兴替；以人为镜，可以明得失"，一个优秀的企业家应该具备从他人身上汲取经验的能力。对于中小餐饮企业来说，比上不足，比下有余，想要更进一步，更应该学习行业先行者给我们留下的经验。尤其是一些优秀的商业模式，不像其他具体的经验那么难以复制，因此具有非同一般的借鉴意义。

下面我们就来分析现在市场上存在的一些已经具备成功经验的餐饮企业的商业模式，仅供大家参考。

1. 体验式餐饮

体验式餐饮模式和普通的餐饮模式的主要区别就是，体验式餐饮企业在提供优质产品的同时，还会以环境、服务等因素综合作用，为消费者带来产品之上的消费体验。

被誉为早餐界"爱马仕"的"桃园眷村"，可以说是体验式餐饮的典型代表。那里复古的设计，原木家具的质感，简约的功能化装饰，让人第一眼看上去，根本不觉得是一家餐厅，觉得更像是一个文人吟诗作对的场所。在产品上，"桃园眷村"也尽可能保留了传统的风味和制作工艺，同时也融入时下流行的美食元素，既传统又新潮，不仅适合怀念生活的年岁稍长的消费者，对年轻人也有一定的吸引力。虽然人均35元的消费对于早餐来说算是有点奢侈，但"桃园眷村"带来的优质体验也确实值这个价格。

体验式餐饮的重点在于打造优质的环境，通过环境的影响让消费者把用餐当作享受，但同时也不能忽略产品和服务的质量，只有相辅相成才能发挥体验式餐饮的力量。

2. 智能式餐饮

近几年，餐饮企业和人工智能的结合已经成为潮流，无人餐厅、智能餐厅层出不穷。这类餐厅既能节省人力，又能以高科技的卖点吸引用户，而且随着人工智能的发展，这种商业模式还有很大的上升空间。

2018年，海底捞智能餐厅于北京落地，刷新了人们对于餐饮消费的固有观念。巨大的投影屏幕，可以无死角地进行投影展示，一共六种就餐主题灵活切换，让消费者抬头见景。点餐、出菜、上菜都是由智能设备完成，从保鲜的冷库直接运送到顾客面前。在口味方面，可以通过配料系统进行自主选择，每一种调味料都精确到了0.5克。在第一次就餐后，消费者的偏好就会被系统记录，甚至消费者可以命名自己配出来的锅底。后厨的制作也统统由计算机来控制，既节约了人力资源，也确保了制作的效率。甚至就连等位区，也设置了很多互动游戏，可以让无聊的等位时光变得更有趣一些。

虽然人工智能的发展尚处于初级阶段，成本高，作用单一，但我始终相信社会进步的方式就是用机器取代一切人类不必要的劳动，所以人工智能在未来会拥有广阔的市场和发展前景，而智能式餐饮也能够借助此机遇，在未来搏出一片天地。

3. 单品战略式餐饮

我们在4.2节也说过现在餐饮市场流行的不再是大而全的餐饮形式，小而精的餐厅更受年轻消费者的欢迎，所以很多主打单品的餐饮模式应运而生。

单品战略商业模式未来面对的主要问题，就是产品的迭代。时代在进步，人们的口味和偏好也会不断变化，所以我们必须重视产品的创新和进步，追随消费者的需求而变化。

当然，在巨大的餐饮市场中，能够获得成功的绝不仅限于以上三种商业模式，本书对这三种模式进行介绍，是因为我认为在未来，这三种模式依旧会存在于主流形式中，而且拥有良好的发展前途。但仁者见仁，智者见智，本书也只是给经营者一个中肯的建议。

7.3 取胜之匙：餐饮市场究竟要什么

一个合格的餐饮企业应该要做到市场要什么，我就有什么，但做到这个程度也仅仅是合格而已。想要达到优秀的标准，就要走在市场前面，发现尚处于萌芽期的潜在需求，做到市场即将要什么，我恰好有什么，这才是具备火爆潜质的餐饮企业。那么，在未来餐饮市场究竟要的是什么呢？

餐饮市场，或者说餐饮消费者，能够从餐饮企业获取的无非就是产品、服务和体验，而餐饮市场要的东西也不可能脱离这三者的范围。

1. 极致独特性的产品

为什么说餐饮市场未来需求的产品是极致独特的，有两个原因：其一，餐饮市场的主要组成部分是年轻的消费群体，这类人群的消费行为通常都是由感性因素主导，而且相对有个性的事物更能吸引他们的注意力；其二，餐饮市场所包含的消费者群体类型多样，需要各种具备独特性的产品来满足不同的需求。

所谓极致独特，指的是在独特的基础上更进一步，能够与其他同类型产品形成巨大差别的独特性。比如，一家面馆在原有产品的基础上开发了宽面和细面的产品,这只能算作是行业内的相对独特。但如果创新后的新产品从面的形态、汤的味道、配菜的种类等各个角度都与市面上同类产品截然不同的话,才能被称为极致独特。

之所以说未来餐饮市场要的是极致独特的产品而不是独特的产品,是因为从餐饮行业现状来看,很多餐饮企业已经在同质化竞争中积累了一定的经验,开始懂得利用相对独特的产品制造卖点,吸引消费者。比如,在鸳鸯火锅的形式流行之后,很多火锅店在原有的"麻辣锅+清汤锅"形式的基础上,开发了其他不同的双拼形式,"麻辣锅+番茄锅""清汤锅+酸汤锅"等层出不穷。

虽然在当下,这种程度的独特性确实能够成为引导消费者的重要因素,但很快随着越来越多其他企业的模仿和二次创新,这种相对独特的产品就会失去竞争力。所以我认为,只有打造极致独特的产品,树立行业壁垒,杜绝模仿的可能性,才能成为未来餐饮市场青睐的产品。

以西式快餐中比萨类产品为例,现在我们身边有很多西式快餐连锁品牌或者休闲餐饮企业都提供比萨类产品,比如"必胜客""棒约翰"等。但如果说到比萨类产品中的单品——榴莲比萨的话,我相信大家首先想到的就会是"乐凯撒比萨"。

我曾经在某个点评网站看到一条关于"乐凯撒比萨"榴莲比萨的评论,说其他品牌的榴莲比萨充其量只是加入了榴莲的比萨,只有"乐凯撒比萨"才是真正的榴莲比萨。

使用当季优质榴莲品种作为原料,通过反复的实验确定与不同品种榴莲搭配的不同类型的芝士和各种配料,面饼的制作也沿袭了能够最大限度保证口感的手工制作方法,最后经历时间和火候把控的烤制,呈现在消费者桌上的不只是榴莲比萨,也是一场关于美食的征途与坚守。

经历了千挑万选的选择和精益求精的制作,"乐凯撒比萨"的榴莲比萨在业内已经占据了独一无二的地位,这样独特到极致的产品,要模仿或者二次创新的话不但要花费过多的成本,还要承担画虎不成反类犬的风险,所以基本也就断绝了其他企业模仿的可能。

在这种情况下,如果它能把这种创新与迭代的方式坚持下去,我相信在未来它依然能够保持在榴莲比萨产品上的优势,继续作为餐饮市场的宠儿而存在。

2. 私人个性化服务

前文已经指出,餐饮市场的主要组成部分是年轻人群,不管是在现在,还是在未来,都是如此。餐饮市场对服务的要求,其实在一定程度上也可以看作是年轻消费者未来对餐饮服务的要求。

从现在来看,年轻人容易受到海外文化的影响,崇尚自由和个性,尤其是"90后"和"00后"。这一点,在他们的社交和消费习惯上表现得非常明显。在使用社交网络平台时,年轻人喜欢用各种表情和图片代替文字表达,在面对面交流时,也更倾向于高频率地使用网络语言。除此之外,在购买商品时,如服装类,年轻人偏好色彩或风格比较独特的类型,以显示自己的个性和与众不同。而年轻人的这种习惯映射到餐饮服务上,所表现出来的方式就是对私人订制的个性化服务的追求。

"十秒到"过桥米线,店如其名,从下单到上菜速度非常快,但这并不是它最主要的特点,或者说这种速度是它主要特点的附加优势。

和其他主打米线产品的餐饮企业不同,"十秒到"过桥米线不是把所有材料处理完毕,制作成完整的菜品才呈现给顾客,而是直接把滚烫的汤锅和米线及各种配菜直接放在托盘中端给顾客,然后由顾客自己选择加入配菜的种类和顺序。虽然其他很多过桥米线餐厅也是采用这种传统的所谓"过桥"的做法,但这个步骤通常都是由餐厅的服务人员来完成,而"十秒到"过桥米线却把这种自主选择权直接交给了顾客,让顾客可以按照自己的喜好和口味为自己订制一锅过桥米线。

"十秒到"过桥米线在两年的时间内扩张了接近1 000家店铺,凭借的就是这种私人个性化服务。每个人都有自己的喜好和口味,多辣、少辣、多糖、少糖等都是产品制作者的标准,但我们都有各自的标准,与其费尽心思地进行口味分类,不如把调味料递给消费者,让他们自己添加。

未来,"90后"和"00后"的年轻人对个性化的需求也依然会存在。所以,私人个性化会是餐饮市场必需的服务特点。

3. 全方位立体体验

2019年,主流外卖平台不约而同地提高了商家合作的费用,这对于很多餐饮企业经营者来说无异于当头一棒,本就不高的利润率又一次被痛下杀手。但即便如此,很多商家也不敢关停和外卖平台的合作,因为对它们来说,外卖已经是生存的唯一途径。

有人说,外卖的出现是堂食比例大幅下降的主要原因,但在我看来,外卖只不过是一个导火线,根本原因是餐饮企业对用户体验的漠视。漫长的等位和等餐时间、经年一成不变的装潢,还有说着一口不标准普通话的服务员,甚至有时需要喊上三、四遍才能得到回应的服务,堂食没有办法给消费者带来良好的用户体验。而这个时候,外卖的出现让人们可以在家中享用到餐厅的食物。对于这类餐饮企业而言,外卖的确是不能丢掉的救命稻草,但并不是对所有的餐饮企业都是如此。

音乐餐厅"胡桃里",在提供美酒和美食之余,也兼顾音乐的交流和分享；故宫的"角楼火锅店"，以正统的皇室风格装饰和传统御膳产品吸引了无数眼球，但 60% 的消费者表示是冲着装修和风格而来。这些餐饮企业堂食的火爆都证明了，餐饮消费不仅是针对产品，更是一种全方位的用餐体验。

外卖能够改变产品供应的形态，但却提供不了完整的就餐体验，餐饮企业如果肯在装修装饰、风格搭配及其他外在因素上下功夫，把用餐打造成一场视觉、听觉和味觉的综合盛宴，即使外卖已经逐渐成为主流，你也依然能够在市场中占据一席之地。

7.4 精准创新：未来三年，餐饮企业少走弯路的关键点

2018 年，传统中餐餐饮品牌"千秋膳房"因资金链断裂而倒闭，明星餐饮企业"黄粱一盂"因为菜品定价不合理被消费者抛弃，中式快餐品牌"一品三笑"也由于过度依赖外卖渠道而在平台合作费用提高之后被迫大量关店。

传统强牌、明星 IP 效应、外卖合作在如今是主流的餐饮经营方式，但都因为一招棋错，落得个满盘皆输。对于餐饮企业的经营，找到适合自身与市场的道路只是前提，还要确保在前进的过程中少走甚至不走弯路，才能到达最终的目的地。

趋利避害是每个餐饮经营者都必须具备的决策能力，但在工作的过程中，通过不断地和各种餐饮企业接触，我发现很多餐饮品牌，尤其是中小企业，在达到一定成绩之后，就会失去锐意进取的闯劲，总是想着如何保持稳定的收益和避免经营的失误。对于一个有市场野心的餐饮品牌来说，这并不是合适的发展路径，有谁能保证自己成功的战略随着时间的推移不会丧失优势？少走弯路不代表故步自封，畏首畏尾，而是更合理的决策，更稳妥的创新。

1. 无调研，不决策

没有调研，就没有发言权。每一次决策的制定，都影响着企业未来一段时间内经营发展的走向，一旦决策失误，企业就会容易走上错误的道路。而调研可以最大限度地保证决策的合理性，从而减少走弯路的风险。有目的地对市场和消费者进行调研，能够在一定程度上探寻到新的事物能否被市场接受，接受的程度如何，然后根据结果指导创新活动。

调研这种方式也是我们的工作中常用的方法，在接到企业的咨询要求之后，我们首先就会根据项目涉及的领域，进行有针对性的调研。比如，关于异地市场扩张的咨询，我们会对当地市场偏好进行问卷调查；对于菜品迭代的咨询，我们会设计试吃活动，收集消费者的意见。在完成调研之后，我们会根据调研的结果为咨询的企业制定合理的解决方案。

消费者的重要性不言而喻，与产品、服务相关的决策，需要符合消费者的需求才能发挥作用；而关于环境、装修的决策，也只有在符合消费者审美的情况下才能成为吸引力因素。换句话说，餐饮企业做出的决策，但凡与消费者相关，都有必要进行消费者调研。话又说回来，餐饮企业的决策有哪个与消费者无关呢？

消费者调研可以采用的方法有很多，问卷调查、用户活动等都可以，但无论采取哪种方法，都必须创造一种"有利可图"的局面。比如，提供免费样品的试吃活动，如果改成收费试吃还会有人参加吗？在调研中加入利益元素，能够激发消费者参与的积极性，而我们的调研样本越多，辅助决策的作用也就越突出。

2. 有计划地推陈出新

"冲动是魔鬼"，人在激动的状态下容易犯错，企业做决策也一样，在进行相对激进、跨度较大的决策时更容易误入歧途。

作为经历了百年风雨，已经在行业内作为金字塔顶端存在的可口可乐也曾经遭遇过决策的重大失误。了解可口可乐的人都知道，从创立至今，可口可乐始终只有一种口味。虽然消费者始终甘之如饴，但可口可乐的经营者们却认为，在日益进步的新时代，他们的产品过于保守和落后，需要进行口味的创新来焕发活力。于是他们进行了市场调研，结果却出乎经营者意料，无论是媒体还是消费者都对可口可乐的口味创新持反对态度。但可口可乐依然一意孤行地进行了创新，想要用更符合时代潮流的新产品打破人们的"固执"与"愚昧"。在新产品投放市场后，可口可乐的销量的确有所提升，但却是新产品的出现促进了人们对传统口味产品的消费，而新产品本身无人问津。最终，可口可乐收回了新产品，口味创新宣告失败。

我们前面也说过少走弯路不代表一成不变，而是需要更稳妥的创新。在原有基础上进行有计划的改变，能在保持原有竞争力的前提下，有层次地提升企业活力，而过于激进的战略转型只会徒增风险。比如，从一家快餐店转变为主题餐厅，既不影响用户的消费，还能吸引更多的用户；但如果从一家快餐店转变为高档西餐厅，两者的用户基本没有重合的部分，等同于放弃了之前的积累，重新开始，失败的可能性也就更大了。

3. 顺应市场潮流走向

少走弯路，其实从另一个角度来讲就是顺应市场潮流走正路，但这种顺应潮流不是跟风随大流，而是在了解市场的基础上，根据潮流的趋势选择发展的方式。

目前，快餐可以说既是年轻人餐饮消费的主流也是潮流，各种中式快餐和西式快餐纷纷借潮流的东风形成了燎原之势。相比中式快餐，西式快餐种类更容易受到消费者欢迎，比如"肯德基"、"东方既白"、"必胜客"等餐饮品牌，而这几家品牌的经营企业百胜餐饮集团（简称百胜），对餐饮市场潮流把握的准确程度堪称典范。在外卖出现之后,百胜也发现了外送业务下的利润空间,但百胜并没有选择和平台合作,而是由旗下的快餐品牌自营物流。很多人当初不理解百胜的做法,直到外卖平台逐渐增加了平台合作的费用,人们才发现百胜的前瞻性。

潮流之所以能够成为潮流,背后一定有消费者的支持和时代的烙印,它代表着一个时期人们的消费热点,把握住这种热点,餐饮企业就能紧紧抓住消费者的心。顺时而变,应运而生,潮流所指就是我们的康庄大道。

7.5 开源节流:未来三年,餐饮企业业绩增长的关键点

没有不想获得收益的企业,也没有不关注企业业绩的经营者,尤其是对于中小餐饮企业来说,业绩是企业经营状况的直接表现,也是关系到未来发展的重要原因。

在向我们咨询的客户中,关于如何提升餐饮企业业绩的客户有很多,面对这样的客户,我通常会从两个方面帮助他们解决问题。一方面是开源,另一方面则是节流。开源可以增加收入的来源,而节流能够减少成本,进一步提升利润空间。在未来三年,餐饮企业业绩增长的关键点也在于此。

1. 新的利润增长点

其实现在很多餐饮企业已经在开源,例如,增加外卖业务就是很好的以增加销售渠道开源的方式。但仅止于此还是不够的,我们还需要新的利润增长点。

(1)高溢价策略

前面的章节也介绍过高溢价策略,通过打造产品的诸多附加值项目,比

如更绿色健康的食材、更优美的用餐环境、更私人个性化的服务等,来提高产品的价格,获取更多的收入。

比如,某烤鸭店从服务员到厨师都是朝鲜人,而且晚上在大厅的舞台上还会有歌舞表演。但依我来看,其菜品的质量和口味和一般的酒店并没有太大的区别,只是贵在新奇,在消费体验上会有一种不同的感觉,再加上有特色的歌舞表演等附加价值的存在,产品的价格和利润空间自然会提高。

开源除了拓展销售渠道以外,也可以依托产品进行,通过提升产品附加值项目的数量和质量,提高产品的价格,从而获取更多的收益。

(2)全方位创新

其实我们不用把新的利润增长点这个概念看得过于狭隘,在我看来,这个概念强调的是新,只要能提供新的吸引力因素,都可以看作是新的利润增长点。而无论是从品牌、产品,还是从渠道、营销来讲,新的吸引力往往都是来自于创新。

"星巴克"作为老牌餐饮企业,在大多数人眼中,都是一种传统的形象,比如它始终不肯把自己的咖啡外带容器从"中杯、大杯、特大杯"改为"小杯、中杯、大杯",无论从哪个角度来看,后者的分类都更适合我国消费者的使用习惯,可是"星巴克"却始终坚持前者这种从欧美国家地区传来的制度。但"星巴克"真的是一个固守传统的品牌吗?答案当然是否定的,在这样一个竞争激烈、瞬息万变的市场,能够多年屹立不倒,"星巴克"在传统的外表下,靠的是其一颗追求创新的心。

"南瓜拿铁""氮气冷萃咖啡""彩虹"系列这些听起来就充满童话和科技色彩的饮品,正是出自"星巴克"之手。而这些新奇的创新产品,才是"星巴克"热度不减的秘诀。除了产品以外,在营销方面"星巴克"也做到了因势利导，2019年推出的火爆餐饮周边产品"猫爪杯"，就是通过小红书、抖音等新的社交网络平台进行的营销。虽然"星巴克"在渠道创新方面显得比较落后，但在2018年也上线了自己的外卖软件，赶上了外卖潮流的末班车。

"星巴克"品牌的延续性，和它这种始终坚持实行的全方位创新战略是分不开的，每一次创新都能为企业的发展注入新的活力。

2. 内部优化

我想即使是没有企业经营经验和知识的人也应该知道，企业的销售总额去除成本才是利润，所以，想要在未来提升餐饮企业的业绩，不仅要通过开源增加销售额，还需要从内部下手，节约成本。

（1）产品制作流程化

现在很多连锁餐饮企业都采取了中央厨房模式，在原料产地或总部所在地建立厨房，直接把原料加工成半成品，然后供给各地的分店。这样做的好处是可以建立产品制作的标准流程，减少产品制作培训的难度和成本，同时也避免了各分店因为水平差异出现的质量问题和原料浪费。

（2）简化人员配置

在餐厅经营中，人员雇佣的费用也是一笔不小的支出，比如像"海底捞"这种主打贴心服务的餐饮企业，服务人员的数量会非常多。而这部分成本也是可以精简的，比如现在有一些智能餐厅，顾客点餐可以通过触摸屏，付款可以通过人脸识别支付，餐厅基本做到了去服务员化。

开源节流、提高收益、降低成本，无论在哪个时代都是提高业绩的不二法门，虽然在不同的时代会有不同的方法，但在未来三年，我相信上文所介绍的会是个中关键。

第 7 章
未来餐饮业的发展趋势与案例分析

一直以来,餐饮行业都因为市场前景广阔,从业门槛低,而受广大创业者青睐。然而,餐饮行业的竞争远比很多人想象得更残酷,做餐饮绝非是一件简单的事情,要想在这个行业成功分一杯羹,我们不仅要对行业现状有所了解,还要能够抓住行业的发展趋势,顺应时代的改变对自身的发展战略做出调整,这样才能生存下去,不被时代淘汰。

后　记

"民以食为天","吃"确实是一个庞大的市场。相对其他行业而言,餐饮行业创业门槛确实较低,然而其成功率也是相对较低的,几乎每天都有因为经营不善而关门的餐厅。这些年,我一直在餐饮领域中摸索前行,接触过很多餐饮企业,见证了很多企业的发展历程,也看到了餐饮行业存在的很多问题。我一直在想,我能为大家做些什么?我希望能够把自己多年的经验和感悟以文字的方式表达出来,给广大餐饮从业者提供一些参考,于是,就有了本书的诞生。

对于本书的写作,我思考了很长时间,最终才决定将主题定为"生存秘籍"。很多人可能会说:"史远,我希望你能告诉我怎样迅速挣到钱,怎样使品牌发展起来。活下来还不容易吗?"但请相信我,服务过300余个连锁品牌,面谈过2 000余位经营者后,我发现长期、持续活下来还真不是一件容易的事情,现今的餐饮市场,几乎每天都有餐厅宣布关门,短的甚至撑不过3个月。有生存才有发展,要想走得远,就必须要先活下来。可以肯定的是,餐饮不会消失,在未来很长的一段时间里,它都将持续拥有较为广阔的发展空间,市场潜力巨大。但面对时代大背景的变化,人们消费需求和场景的日益多元化及国际知名餐饮企业的不断涌进,未来我国餐饮市场的竞争局面也将愈加激烈,因此,对于很多餐饮企业特别是传统餐饮企业,"如何活下去"就成了一个值得思考的问题。

要想活下去,我们首先要对整个餐饮大环境有所了解,要能够利用现在科学技术去调研、探索用户真正的需求,对于餐饮企业而言,盈利的关键点

后 记

就在于是否能够把握用户需求,这也是我为什么在本书的开始用了大量笔墨去描述当前餐饮市场的环境变化及消费者变化的原因。在此基础上,我们要学会打破固有认知,以创新引领变革,这也是本书的主题。

本书的写作过程就是我对餐饮行业一些基础认识的梳理过程,这中间也引发了一些新的思考和疑问,所以在梳理的过程中,我也在不断地学习,也期待和更多的新朋友在极十咨询公司与我探讨问题。在这里,我想诚挚地感谢协助本书出版的所有编辑人员,感谢你们在本书策划、出版和推广过程中的鼎力相助,你们的专业精神给予了我很大鼓励。最后,希望本书能够给正在看书的你带来一些切实的帮助,如有遗漏和不准确之处,也希望广大读者能够批评指正。

史 远

2019 年 10 月

"如何用产品营销带动业绩增长"课程介绍

一、市场竞争趋势及品牌现状梳理

如何重新理解竞争漩涡？

品牌如何摆脱竞争漩涡？

品牌如何产生成本外的附加价值？

让消费者有购买欲的品牌是什么？

分析市场爆火品牌的发展路径。

本模块重点

从竞争格局出发，了解消费者心智及企业经营发力的重点。

二、成功品牌背后的逻辑及带给我们的思考

茑屋书店案例分析

如何以用户为中心设计产品体系？

如何通过赋能加盟商颠覆增长模式？

如何通过会员数据搭建品牌的护城河？

无印良品案例分析

什么是"没有品牌就是品牌"的战略思考？

如何提升用户参与度，让用户传播产品理念？

如何做才能既保持品牌调性又保持大众品牌传播？

多触点体验场景搭建，如何围绕"用户"传递品牌哲学？

后　记

本模块重点

通过对两个品牌的成功案例分享，提炼出品牌的打造方法，结合企业的实际情况进行分组模拟演练。

三、成功的品牌打造方法及执行顺序

极十咨询如何为品牌添加附加值？

如何创造并维护品牌价值？

如何通过品牌生命力模型探索企业下一步的增长路径？

"以用户为第一"的思路如何贯彻到新品研发中？

本模块重点

如何用极十咨询模型实际演练自身品牌的发展？

四、战略究竟是怎样落地的

梳理品牌定位的关键点和步骤是什么？

如何确立品牌差异化？

优秀产品设计的7个基本准则是什么？

如何系统部署从新品开发到市场营销阶段的工作？

本模块重点

了解极十咨询的方法，从实操角度帮品牌梳理战略定位、产品开发和营销策略。

课程适合人群

遇到下述问题的零售、餐饮、快消、商业地产企业的经营者：

1. 期望通过差异化经营，降低运营成本，提升市场占有率。

2. 老品牌增长乏力，需要重新梳理战略方向。

3. 随着竞争加剧，老顾客流失，新客户不多。

4. 品牌调性不强，导致利润偏低，现阶段经营有压力。

扫描实战导图上的二维码添加助手微信，回复"导图"，你将有机会获得本书实战导图的完整版电子文件。